仁义礼智
信恕忠孝

儒学简史

柳无忌 著

杨明辉 译

江苏人民出版社

图书在版编目（CIP）数据

儒学简史 / 柳无忌著；杨明辉译. -- 南京：江
苏人民出版社，2016. 1

书名原文：A Short History of Confucian
Philosophy

ISBN 978-7-214-17042-2

Ⅰ.①儒…　Ⅱ.①柳…　Ⅲ.①儒学—思想史—中国
Ⅳ.①B222

中国版本图书馆 CIP 数据核字（2015）第 294734 号

著　　　者	柳无忌
译　　　者	杨明辉
责 任 编 辑	朱　超
装 帧 设 计	紫云文心·申海峰
出 版 发 行	凤凰出版传媒股份有限公司
	江苏人民出版社
出版社地址	南京市湖南路 1 号 A 楼，邮编：210009
出版社网址	http：//www. jspph. com
	http：//jsrmcbs. tmall. com
经　　　销	凤凰出版传媒股份有限公司
印　　　刷	北京中印联印务有限公司
开　　　本	718 毫米×1000 毫米　1/16
印　　　张	13.5
字　　　数	160 千字
版　　　次	2016 年 3 月第一版　2016 年 5 月第一次印刷
标 准 书 号	ISBN 978-7-214-17042-2
定　　　价	35.00 元

序　言

‧‧

　　本书所讨论的儒学，在世界上各种伟大的思想中独具一格。它不像基督教、佛教或伊斯兰教那样是一种宗教，而是作为一种纯粹的哲学流传至今。也许是因为它的非宗教性，儒学在所有学说中是最不具有攻击性的。当然，这并不意味着它是静止不变的。相反，儒学凭借着争论和信仰仍然在不断地传播和发展，就像它在古代中国，以及后来在韩国和日本不断发展那样。它曾经使中世纪的东方成为一个庞大的儒家文化圈。

　　儒学有许多明显的特征。首先，它是切实可行的道德体系。它没有任何形而上或超自然的东西，它的内容可以说是路人皆知；它那充满智慧和常识的道德教导，可以在日常生活中运用。其次，儒学具有对环境的普遍适应性和广泛的包容性，它会吸收所有好的和有用的东西。正因为如此，儒学能够与时俱进，成为中华民族长久以来的思想宝库。因此，儒学最重要的优点是它的因应能力，这种卓越的品质使它能够抵抗住所有的压力和面对所有的困境。因此，尽管儒学时常受到冲击，但它总是能够带着重生之光摆脱困境。

事实上，儒学的这些优点也正是中国人的优点。尽管有些问题还存在着争议，比如究竟是儒学先塑造了中国人的性格，还是中国的天才人物先创造了儒学？但无论如何，显而易见的是中国人基本上都信奉儒家的人生观，除了在艺术和文学领域存在一些佛教和道教的倾向外，中国文化与儒学虽然不能完全画等号，但几乎是同义的。

然而，这种几千年来以奇特而又强有力的方式影响中华民族的学说究竟是怎样的呢？例如，它是如何起源的？它又是如何发展的？它有哪些杰出的代表人物？此外，它与中国古代号称"诸子百家"的其他哲学流派关系如何？它在历史发展的过程中又是如何脱颖而出成为中国古代思想的主流？

所有这些问题都是紧密相关的，但遗憾的是，英语世界迄今为止还没有给出明确的答案。这种忽略还体现在儒学只是出现在众多的哲学故事书之中。因此，我们希望这本书不仅能为这个重要的主题提供大量必要的信息，而且能够宣称儒学应成为世界哲学的一部分。在我们看来，它当之无愧！

柳无忌

致　谢

· ·

作者感谢下列作家将中国经典著作翻译成英文：理雅格（J. Legge）翻译了《论语》；理雅格和休斯（E. R. Hughers）翻译了《中庸》和《大学》；理雅格、莱尔（L. A. Lyall）和吉尔斯（L. Giles）翻译了《孟子》；韦利（A. Waley）和林语堂翻译了《道德经》；吉尔斯、冯友兰和林语堂翻译了《庄子》；梅贻宝翻译了《墨子》；安东·佛尔克（Anton Forke）翻译了《杨朱》；达布斯（H. H. Dubs）翻译了《荀子》；阿尔弗雷德·佛尔克（Alfred Forke）翻译了王充的《论衡》；博德（D. Bodde）翻译了宋代新儒家的著作，它们被冯友兰引用在《中国哲学史》中；布鲁斯（P. Bruce）翻译了《朱熹》；亨克（F. G. Henke）翻译了《王阳明》。

作者也感谢纽约波林根基金会（Bollingen Foundation）对本书写作提供的资助。

目　录

第一章　孔子，儒家学派的创始人

第二章　道的传播

儒学简史

第三章　儒家学派的竞争者

第四章　儒家的中流砥柱

第五章　一个民主思想家的思想

第八章　刻在石碑上的儒家经典

第九章　中国思想的交汇

第十章　中国哲学的融合

第十一章 直觉与科学

第十二章 圣人的新面貌

第一章

孔子，儒家学派的创始人

儒学的伟大——开场白

儒学，作为 2500 年以来中国传统文化的主流思想，起源于孔丘（公元前 551—前 479）的学说。孔丘，也就是众所周知的孔子，是儒家学派的创始人。由于儒学具有漫长而又显赫的传统，它对中国人的生活产生了极大的影响。它塑造了民族性格；它触及到人们活动的每一个角落；它渗透到生活的方方面面，无论是道德生活，政治生活，还是社会生活。它也使中国这个古老而又辉煌的文明保持了连续性，使她在发展过程中避免毁灭和停滞，使中华民族在追求生存和卓越的过程中表现出旺盛的生命力。

儒学的伟大首先在于它的适应能力。就像凤凰涅槃那样，儒学也在不断地重生和重新调整。就像中华民族不是靠武力征服而是靠文化同化那样，儒学也是通过吸收其他学说之中好的和有用的东西，并把它们融入自身来战胜对手。中国文化也是如此。本来墨家、法家、道家和佛教都是独立的思想体系，但它们都被大量地吸收进儒家的思想宝库，从而使儒家避免思想资源枯竭。

作为这种发展过程的结果，今天的儒学已经和孔子当初的学说大不相同，比如两者关于"天"的学说。不可否认，孔子的言辞仍然是儒学概念的核心，但在儒学演变过程中，它是获得了如此多的新理念和新诠释，以致今天的儒学就连它伟大的创始人也难以辨认出来。当然，这种演变显然是健康的。尽管许多正统派人士反对这些外来元素的融入，但从整体上看，这些新元素确实为这个古老的思想体系增添了生机和活力。假如没有这些新鲜血液的注入，儒学肯定早就变得贫血了。

更重要的是，由于儒学对中国人的日常生活产生了巨大的影响，它

的演变过程因此变得既复杂又有趣。追溯儒学发展的不同阶段及其主要的思想动向，实际上就是研究中国思想史本身。然而，在我们开启这段漫长而又艰辛的历史之旅之前，让我们先停下来看一看"儒"的本义，看一看"儒"作为一种职业在周代封建社会的兴起。

学者还是"懦者"

在现在的用法上，儒的意思是儒家学派的学者，以此与佛教徒和道教徒区分开来。他们彼此之间对人生持有完全不同的看法。儒与孔子之间的密切关系使得西方作家将儒学称为孔学，将孔子的追随者称为儒者；这些作家还曾经自鸣得意地将孔夫子（K'ung-fu-tzu）或孔子（Master K'ung）的英语单词转变为 Confucius。尽管这种表述方式是非中国化的，但就意义而言，由于孔子是儒家学派最主要的代表人物，所以这种转化也并不是完全不能接受的。

然而，从本源上说，儒还有另外一个含义。词源学告诉我们，儒是由"人"和"懦"两个基本构词成分组成。因此自然而然就会出现一个问题，那就是谁是"懦者"——如果他们曾经存在的话。事实上，这是一个非常有趣的问题。可惜的是，中国古代的作家并没有提供线索，直到近些年才有专家根据大量的出土文物进行研究。

迄今为止，主要有两种观点。① 第一种观点认为这些"懦者"实际

① 关于这个问题的讨论可参见胡适：《说儒》，载于《胡适论学近著》（中文版），上海，1935 年，第 3–102 页；冯友兰：《中国哲学史》（中文版），下册，附录，第 1–61 页；钱穆：《先秦诸子系年》（中文版），第 85–88，92 页；以及钱穆：《国史大纲》（中文版），上海，1948，第 1，65–66 页。

上是商朝的后裔。在公元前 12 世纪商人的政权被周人推翻之后，作为被征服民族的幸存者，他们开始赞美柔弱的品德，更确切地说，开始赞美柔弱的力量，以此作为最好的自我保护方式。尽管他们的社会地位大大降低，财产也被剥夺，但由于他们拥有丰富的礼仪知识，因此可以在周王朝的葬礼、婚礼以及其他仪式上充当司仪，以此在他们的征服者之中谋生。由于他们谦卑的态度和低下的职业，这些商朝的后裔因而为自己赢得了一个令人鄙视的名字：儒者。

我们所知道的另外一种观点认为，这些"儒者"并不是由盛转衰的商朝的幸存者，而是周朝没落的贵族，尽管他们拥有贵族血统，但在周王朝漫长的历史发展过程中已经沦为平民。他们要么是贵族家庭旁支的子孙后代，要么是被降为平民的贵族。无论如何，他们失去了爵位、待遇以及特权。尽管他们不像一辈子与土地打交道的无知农民那样无助，但由于生活境况大不如前，他们不得不利用在以往的美好岁月里获得的一切才能来谋生。他们因此成为一个介于贵族和平民之间的新的中间阶层。

在公元前 6 世纪，也就是在孔子出生之前的几十年间，这些没落贵族的数量迅速攀升。由伟大的周公所建立起来的周朝封建社会结构，在公元前 770 年周平王迁都洛邑之后不断遭到破坏。这种恶化持续了一个世纪，终于出现了"礼崩乐坏"的局面。这种社会转型带来的是一个全新阶层的出现，他们有知识、有谋略，渴望开创出自己的一番事业。虽然他们具有贵族血统并且雄心勃勃，但由于无权无势，他们所能做的最大努力就是进入仕途。

那这些人依靠什么技能来谋生呢？作为从前的贵族，他们通晓六艺中的几项或者全部。六艺是指周朝贵族教育体系中的六门学科，分别是礼、乐、射、御、书、数。我们可以很容易看出，这些知识都非常实用，可以使人在他的封建领主面前显得有用。例如，射和御的知识可以

使人有资格担任军事指挥官或者城市的行政长官，书和数的知识可以使人成为权贵人家的好管家。同样地，作为礼和乐的专家，既可以担任贵族子弟的家庭教师，也可以成为重大典礼上的司仪官。在诸如此类的众多角色中，这些穷困没落的贵族可以充分发挥他们的优势。

与此同时，随着大量卜官、史官和礼乐官的加入，他们的阵营得到进一步扩大。卜官、史官和礼乐官原来都附属于王室，但随着封建制度的解体以及诸侯国的衰亡，他们开始流落民间。由于他们的官职是世袭的，他们因而成为几百年来中国文化的保存者。在此之前的中国文化，就像普罗米修斯准备盗取的天火那样，普通民众是接触不到的。但如今，这些由于社会剧变而沦落为平民的士人，开始向所有人敞开知识的大门，只要他们有学习的渴望和基本条件。这样就迎来了一个知识广泛传播的新时代。

我们猜想，这个职业化的士人群体一开始并没有名字。很明显，他们的利益各不相同，他们的职业也是五花八门，而且不再世袭。事实上，没有一个词汇能够概括他们所各自从事的众多活动。但作为众多职业中的一种，有一个术语已经被创造出来，虽然它在孔子的时代还并不常用。那就是儒，它的意思是一个说话温和、彬彬有礼的士，他的工作是主持贵族家庭的各种仪式。由于周代贵族社会高度重视礼仪，而且作为礼仪规范的"礼"极其复杂，既包括冠礼、结发、婚礼、葬礼这样的家庭仪式，也包括宴会、射箭比赛这样的重大娱乐活动，还包括在宗庙中举行的宗教仪式，所以普通人很难恰当而又熟练地依礼而行。这些场合就需要专业人士的介入，于是一个善于主持各类仪式的群体很快应运而生，他们随时等候贵族主顾的召唤。为了使自己与众不同，他们穿上了特殊的职业服装，那就是身穿广袖礼服，丝带束腰，佩带玉玦，头戴又高又圆的羽毛帽，脚穿方鞋。这些礼仪人士走路稳重，鞠躬深深地弯腰，举止彬彬有礼——所有这些为他们赢得了"儒者"的绰号。

一位伟大的儒者出现在东方

就在此时，在周王朝东方的一个诸侯国——鲁国，出现了一位不同寻常的年轻人。他的名字叫"孔丘"，是那些没落的贵族之一。据说他的祖上是殷商王室的后裔，宋国的贵族。但到孔子这一代时，除了他身上还保留着高超的才智之外，他的皇族血统已经被稀释殆尽了。事实上，这是他从伟大的祖先，或者自己的父亲那里接收的唯一遗产。他的父亲做过鲁国的下级军官，在他三岁时就去世了，留下他和母亲艰难地生活。为了谋生，年轻的孔子最初当过管理仓库的委吏，后来当过管理畜牧的乘田。

这与他同时代的那些士人的经历是一样的，作为没落的贵族，为了谋生，他们必须寻找五花八门的工作。既然孔子没有接受过"六艺"这样的正规教育，那他除了做一些低微的工作外还做了什么呢？就像他的父亲曾经当过军官那样，孔子也成为了一位公职人员。他做每一份工作都兢兢业业，尽心尽力，管理仓库就把仓库里的账目计算得清清楚楚，管理畜牧就把牛羊养得又肥又壮，成倍地增长，他因此也有了相当的名气。为了表彰他的这些努力，当孔子的儿子出生的时候，鲁昭公送给他一条大鲤鱼作为贺礼。我们可以想像这份贺礼给孔子全家带来的激动。事实上，为了记住这种莫大的荣誉，孔子给他的儿子取名为孔鲤，字伯鱼。

虽然命运迫使他接受这些低微的职位，但满怀理想和抱负的孔子从没有满足。他期盼能够找到更符合他性情和才能的工作。这种期盼被他母亲的去世打断了，因为按照当时流行的习俗，他必须在家守孝三年。

似乎就在守孝期间，孔子萌生出伟大的思想，他开始为开创一个前所未有的美丽新世界做准备。

教育的美丽新世界

在孔子34岁时，他作为著名的礼仪教师再次出现在公众的视野。我们对他此前的生活几乎一无所知，只知道在此期间他为了提升自己几乎研究了所有的学术门类。毫无疑问，通过勤奋刻苦的学习，他成为礼仪规范方面的专家。等三年守孝期满，这个自学成才的学者很快成为一位平民教师，许多年轻人聚集在他的门前渴望获得职业化的训练。虽然孔子的父亲曾经当过军官，孔子自己也很熟悉射和御，但他似乎并没有把兵法纳入课程表。他所教的主要科目是礼、书、数和言语。这些科目能使他的学生有资格担任政府公职或者成为贵族家庭中的管家。

这样的教育方案似乎并没有特别之处。然而，真正具有首创性的是孔子招收学生的方式。在此之前，教师都是官方的，他们的职责是向贵族子弟传授六艺。这些世袭的教师作为贵族封建制度的一部分，他们的知识只能供给统治者及其子孙使用。此外，在孔子的时代，也许私人教师已经出现，他们可以受聘于任何人，但是，建立一所面向所有年轻人的学校，不论他们的阶级出身，这在历史上是闻所未闻的，至少在文献中找不到公元前6世纪之前开办私学的记载。这是孔子首创的大胆实验，他的成功使得私学在此后的几十年中快速发展。

此外，这位新校长还具有开阔的视野。为了维持教学工作的正常进行，他当然会收取一定的学费，但这种学费是极其微薄的——也就是一捆干肉——即使最贫困的家庭也能交得起。贵族家庭的子弟，他们有足够的能力支付学费，当然受到欢迎；平民家庭那些聪明又好学的年轻人，发现孔子学校的大门也向他们敞开。如果我们考虑到孔子所处的时代，也就是贵族和平民之间存在着巨大鸿沟的封建社会，那这种允许任何人接受教育的民主原则就显得更加的不同寻常。对于作为第一位私学教师的孔子来说，贵族学生和平民学生的区分是不存在的。在他的课堂上，这种区分无疑被完全忽视了。他曾经非常自豪地对他的学生说："有教无类。"①

孔子的这种教育方针，使得各种各样的年轻人涌入他的学堂。他们之中有子路，曾经是一个伉直的莽夫，最后作为一个忠臣和礼的殉道者去世；有颜回，一个贫穷但很勤奋的学者，安贫乐道，满足于"一箪食，一瓢饮"；有司马牛，总是担心受到他叛乱的哥哥——宋国司马桓魋——的牵连；有公冶长，在跟随孔子学习期间，蒙受不白之冤入狱；有宰予，他曾经在孔子的课堂上睡觉；有樊迟，他似乎对学种庄稼和学种菜比学文学和政治更感兴趣；有公西赤，他是这所伟大的礼仪学校中的礼仪专家；此外，还有其他来自各行各业的年轻人，他们在人格上都是平等的。如此多的青年才俊济济一堂，使得孔子的学校弥漫着愉悦的气氛。

作为孔子诲人不倦的结果，他的许多学生成为了礼仪专家、大夫的家臣、地方长官、行政官员、朝臣以及教师。此时，以礼仪教师的身份登上杏坛的孔子，也大大地拓展了他的教学范围，将史、诗、德行和政事纳入课程表，因为这些知识对成功地获得公职都是必要的。历史知识对政府官员的重要性很容易理解，然而，在那个时代，诗同样在外交活动中扮演着重要的角色。因为古代的颂诗经常会被引用，这不仅可以显示说话者良好的文化修养，而且可以根据诗中隐含的寓意来说明或论证自己提出的观点。尤其是孔子那些较为年轻的学生，学习这些课程的兴

① 《论语·卫灵公》。

趣日益浓厚，从而开创出孔子学校的文学传统。

与此同时，孔子在人事方面也变得更有经验，就像他的学问变得越来越高深一样。为了获得文化研究的第一手资料，他游历了周朝的都城——洛邑。在那里，他向伟大的礼法家、皇家图书档案馆的馆长老聃问学。此后，他还游览了齐国，听到了美妙无比的《韶》乐。他对《韶》乐是如此的痴迷，以至于"三月不知肉味"。他也曾经在鲁国担任要职，最初担任司空，后来升任大司寇，摄相事。他曾经参加齐、鲁两国的夹谷之会，运用自己高超的礼仪知识为鲁国赢得了道义上的巨大胜利。后来，孔子被迫离开鲁国，花了十三四年的时间带着学生周游列国，拜访了当时的一些诸侯。当他最终被召回鲁国的时候，他已经变成了一位老人，一位年高德劭的政治家，无论是国君还是大臣，都会经常前来请教治国之道。曾经主管畜牧的小吏，如今成为鲁国最受人尊敬的老师，他也成为当时社会最博学的学者。

愉快的创新

孔子晚年有了新的精神寄托。也许他已经认识到自己来日无多，认为自己虽然已经成功地开辟了教师这种高尚的职业，但并不能确定自己的学说能否以口口相传的方式完整地传下去——也许应该为这种传承做点什么。于是，这些想法最终使他成为古代文献的编订者。

孔子不仅是周代文化的权威，也是它的保存者。多年来，他一直在辛勤地搜集着所能得到的所有文献。在这方面他很幸运，因为以前保存在皇家档案馆和宗庙中的官方文献开始流落民间。此外，他通过与鲁国朝廷的关系获得了大量的文献。因为鲁国一直以来是周代文化的中心，孔子可以直接获得普通民众所不易得到的文献资料。游历周朝的都城一定使他收获颇丰，毫无疑问，游历其他国家也是如此。然而，孔子所收集的大多数是未经编辑的文献资料，它们写在竹简上，再用皮条编纂成册，所以现代意义上的图书在那时是不存在的。孔子很快就成为中国历史上第一个图书编纂者。

孔子在保存中国古代文献方面的贡献，绝对不应该被低估。他是第一个将周代的文献以儒家经典的名义放在一起的。当然，很可能《诗经》和《尚书》的部分内容早在孔子之前就开始流传。但令人疑惑的是，它们最初是不是以我们现在所见的方式编排？如果不是的话，那么谁又是它们最初的编纂者呢？

不可否认，孔子所做的工作仅仅是整理和编辑，但即使如此，这在我们今天看来稀松平常的事情，在那个时代却是一项划时代的创新。

不幸的是，孔子所整理的《乐经》和《礼经》都失传了。我们现在见到的《礼记》只是汉代的汇编，虽然它保存了许多原始材料以及孔子的许多相关意见。

《易经》是一本占卜之书，相传是周朝的奠基者周文王以及他的儿子周公所作。它很可能是中国现存的最古老的书。它的神秘内容让晚年的孔子非常着迷，但我们不能确定孔子对该书的理解。根据一些专家的研究，虽然按照传统的说法，《十翼》或《易传》是孔子所作，用来对《易经》进行哲学的阐释，但实际上，作者很可能另有其人。

在我们提到的上述著作中，孔子都是"述而不作"。[①] 这项工作无疑是极其重要的，因为他传播的正是中国古代文化的主流思想。但这并不是全部。孔子还应该戴上中国第一个作家的桂冠，他当之无愧。

作为一个作家，孔子最主要的是创作了《春秋》。《春秋》是鲁国

---

① 孔子曾经说自己是"述而不作，信而好古"（《论语·述而》）。

的编年史，记载了自鲁隐公元年（公元前 722 年）到鲁哀公十四年（公元前 481 年）共二百四十二年的历史。它很可能是孔子承担的最后一部文学作品。作为中国历史上第一部由私人写作的著作，① 该书具有巨大的历史价值。事实上，孔子自己对这项史无前例的创举也寄予了厚望，以至于将自己的名誉与它捆绑在一起。他说："知我者其惟《春秋》乎！罪我者其惟《春秋》乎！"②

　　这就是作者对待《春秋》的态度。但令人惊奇的是，该书的内容只是鲁国十二个国君统治下重要历史事件的排列，既枯燥又无趣。这需要我们做一点解释。众所周知，在孔子的时代，汉语远没有像在后来的历史和哲学著作中所表现的那样灵活、生动和丰富多彩。因此，孔子的写作风格是简单直白、实事求是的。该书也可谓是浑然天成，因为书中只有事实，只有孔子最感兴趣的鲁国和周王朝的基本史实。即使这样，我们还是必须表扬一下作者，因为书中的史实虽然不是孔子亲自记录下来的，但也都是取材于鲁国官方的编年史。因此，孔子的原创性主要体现在他对史实的编排、他的措辞、他的风格以及他的目的。他希望这本书可以鉴往而知来。③ 如果这第一部由私人创作的历史著作没有达到我们的预期，也就是没有成为一部伟大的文学作品，那么我们必须牢记，它毕竟还只是一项创新。

---

　　① 《周礼》相传由周公所作，但这种说法如今遭到了学者们的普遍怀疑。该书的创作时间被认为比相传的要晚得多，很可能出现于战国时代（公元前 5 世纪至公元前 3 世纪）。同样值得怀疑的还有《管子》和《道德经》。法家著作《管子》的作者曾经被认为是公元前 7 世纪的伟大政治家管仲，而《老子》的作者被认为是比孔子略为年长的老聃。如果排除这些作品，那么《春秋》就成为中国历史上第一部有明确作者的著作。

　　② 《孟子·滕文公下》。

　　③ 孟子在某种程度上作出了夸大，他说："孔子作《春秋》而乱臣贼子惧"。（《孟子·滕文公下》）无论如何，他的这个言论很好地阐明了《春秋》的意义，虽然对我们今天来说已经不再重要，但在历史上却产生了很大的影响，为缺乏历史知识的读者提供了大量的历史教训。

奇迹的出现：儒士成为哲学家

公元前479年，73岁的孔子去世，完成了他弘扬周代优秀文化的使命。我们还记得，孔子事业起步的时候是一位礼仪专家，在那个时代被称为儒，后来他迅速成为一位学识渊博的著名学者。虽然儒是一种职业，但孔子在《论语》中似乎非常小心地使用这个字。事实上，他只有一次提到了这个字，那就是他告诉他的年轻学生子夏："汝为君子儒，无为小人儒"。在这里，儒的意思是模棱两可的。因为子夏从来没有担任过主持礼仪的儒士，因此我们可以推断出孔子在更广泛的意义上使用这个字，他用它来指称学者，而不是原来意义上性情温和的赞礼人士。不管怎么说，由孔子所发扬光大并以他为杰出代表的儒士阶层，与孔子的关系是如此密切，以至于儒和孔很快成为同义语。与此同时，儒也获得了新的含义，那就是像孔子对子夏说的话那样，儒用来指儒家学派的学者。此外，在这些变迁中，最重要的是儒学得到了发展。

这就是儒的发展过程。作为儒家创始人的孔子，根据他对古代圣王①的推崇以及当时的传统封建观念，提出了自己全新的伦理和政治哲

---

① 圣王的名字和时代可参见附录一。所有这些圣王都拥有高尚的品德。例如，尧和舜没有把王位传给自己的子孙，而是传给了贤明的大臣，也就是尧传给了舜，而舜传给了禹。禹是中国历史上第一个王朝夏朝的建立者，他曾经将中国人从铺天盖地的大洪水中拯救出来。夏朝延续了400年之后，出现了一个暴君，结果被道德高尚的汤推翻，后者建立了商朝。同样，约600年之后，商朝也出现了一个暴君纣辛，结果被前面所提到的周文王、周武王和周公推翻，由他们建立了周朝。然而，现代的一些评论家怀疑尧、舜、禹的存在，甚至怀疑夏朝的真实性。还有一些学者相信，所有这些圣王的故事都是儒家学者编造出来的，用来为他们的政治学说提供权威的证据。

学。在政治上，他提出了仁政的思想，认为统治者应该仁慈地统治人民，就像一个家庭的家长那样。就像父亲通过血缘关系和他的子女联系在一起、彼此相互依赖那样，国君应该通过爱和仁慈与他的臣民结成同样不可分割的联系。因此，对统治者来说，最重要的是关心百姓的福祉。总之，在孔子看来，治理国家有三个基本的要素：一是足兵，有足够的军事力量来保护国家的主权；二是足食，也就是有足够的食物；三是民信，即老百姓对政府的信任。在三个基本要素之中，民信是最为重要的。如果我们回想一下那个时代的专制统治者是如何压迫农民的，我们就能很好地理解孔子为什么会提出仁政的思想。尽管这种思想对我们来说是老生常谈，但如果从历史的角度来看，它的意义非常重大。

然而，孔子最伟大的地方在于将封建礼仪规范转化成普遍的道德规范体系。令人感叹的是，曾经卑微的儒士最终成为最伟大的道德导师；更令人感叹的是，他所提倡的道德，2500 年以来历久弥新，依然是我们的不懈追求。虽然我们今天不再推崇孔子有关家庭血缘关系的言论，因为伴随着几千年来社会的巨大变迁，这些言论已经不再适用于现代社会，但是，孔子关于基本美德的崇高理想，依然深深地打动着我们。这些基本美德包括：诚（真诚地对待自己和他人），恕（宽容），仁（对人的仁爱），义（正义），礼（遵守礼仪），智（智慧），以及信（真实或诚实）。经过孔子不遗余力地提倡，以及身体力行地示范，这些美德逐渐成为中国人的道德信条。事实上，正是孔子对这种不分阶级和等级的人类道德修养的不懈追求，使他成为不朽的精神导师。因此，尽管孔子生活在公元前 6 世纪的中古社会，但他能够超越时代和职业的限制，建构出一种以至善为终极目标的影响深远的哲学。正如他自己所经常宣称的那样，他的一生都在寻求一种真理，他把这种真理称为"道"；只有到了人类得道的那一天，他才能心满意足。

因此，对"道"的追求是孔子一生最重要的事业。他曾经向他的学生传道，而不顾他们各自的理想和抱负。这些学生也许是为了成为司礼官、大夫的家臣、朝臣、行政官员或者教师才向孔子问学，但没有人能够离开孔子的学校而不被感染到崇高的道德感。孔子传道的热忱是如此的强烈，以至于他许多忠实的弟子都深受鼓舞。他们原本是为了学习职业技能才来师从孔子，结果却成为一种伟大的新哲学——儒学——的传薪者，最终成为一个个君子。

第二章

道的传播

孔子学说的传播

在孔子去世（公元前479年）后不久，他的学说就开始传播开来。在孔子的学生们一起沉痛悼念过他们的老师之后，大家纷纷离去，走上了各自宣扬孔子学说的道路。也许有些学生已经决定像他们的老师那样传授经典文献，于是他们带上各自从孔子那里获得的经典文献的复制本，准备按照自己的理解和阐释将它们传授给自己的学生。就这样，越来越多的学者开始学习孔子所收集的古代经典文献。随着时间的推移，这些古代的著作深深地铭刻在中国人的心中。

孔子的另外一些弟子进入了封建政府的行政管理部门，成为各国诸侯的贵宾。无论他们去哪个国家，也无论他们担任什么职位，都会热忱地宣扬孔子的仁政学说。尽管他们的建议从来没有真正地被诸侯们所采纳，但诸侯们都愿意洗耳恭听。至少，大家都乐意去倾听这些崇高的理念，乐意去相信这些理念的运用会在未来的某一天取得巨大的成功，也许会使远古时代的圣人治国重现于世。

正是依靠这些方式，儒家学派的伟大传统才得以传承和发展。事实上，他们受孔子精神的感染是如此之深，他们对孔子智慧之言的记忆是如此的深刻，以至于他们完全按照孔子关于道德和政治的教诲来著书立说。他们甚至一发表议论就会冠以"子曰"。就这样，孔子大量的名言被收集起来，并且作为圣人之言传之后世。

儒分为八

尽管孔子的学生们全都尊崇老师的言论，但很自然的是，他们对老师的学说会各有侧重。我们已经看到，他们在师从孔子的时候是术业有专攻的。渐渐地，他们之间的差异越来越大，因为他们根据自己的兴趣和信念建立起各自的思想体系。有些人积极投身政治，另外一些人把人性的教化作为人生最重要的目标，还有一些人投身于礼的研究，认为礼是补救世风日下、道德沦丧的最好办法。

尤其是年轻一代学者，他们承担着传承和推广孔子学说的使命，但他们之间出现了大量的争论和分歧。随之而来的是各种派别的出现，尽管他们之间并不是明确地按照孔门四科进行划分。有一种说法认为，儒家分化为八个派别。作出这种划分的是生活在公元前 3 世纪的法家代表人物韩非，但他的划分难免显得混乱和武断。因为这八个派别不仅包括孔子自己的弟子，如颜回、子张和漆雕开，还包括孔子的再传弟子，如孔子的孙子子思、孟轲以及荀卿，其中孟轲和荀卿都是儒家学派的发扬光大者。至于韩非提到的另外两个人物，其中一个实际上并不知名，在古代文献中也找不到他的任何记载，而另外一个实际上是孟轲的学生。

然而，根据后人的意见，儒家学派中最重要的人物是以孝著称的曾参。例如，有一件轶事说，曾参在去世前脱光了自己的衣服，以此来显示自己保全了父母在出生时赠予他的身体。作为行孝的典范，曾参曾经被认为是《孝经》的作者。然而，该书显然是后来的汇编，虽然它的材料也许来源于曾参学派的学说。

在《孝经》的一个著名篇章中，曾参被描绘成受到了孔子的耳提面命。孔子告诉他说，孝是一切德行的根本；"身体发肤，受之父母，不敢毁伤，孝之始也。立身行道，扬名于后世，以显父母，孝之终也。"[①]

换句话说，在曾参看来，孝是至高无上的品行，人类努力的基本方向应该是道德修养，而不是遵守礼仪。他进一步发展了孔子的道德原则，并且针对礼仪学派创立了道德学派作为儒学的正统。曾参有一句名言，叫做"吾日三省吾身，为人谋而不忠乎？与朋友交而不信乎？传不习乎？"我们很容易看出，曾参治学的目的是提高自我的道德修养。

《论语》——孔子的"圣经"

作为"四书"的第一本书，《论语》是孔子及其弟子言行的汇编，明显带有曾参学派的痕迹。确切地说，它是儒家学派的"圣经"，所有的儒家学者，无论他属于什么派别，都乐意从中汲取思想和举止的灵感。我们也可以从中直观地了解到孔子本人的生活和性格。

我们现在很难准确地还原《论语》的编写过程。按照传统的说法，孔子的学生们在他去世之时就开始编写这本书。这是很有可能的，因为当这些忠实的哀悼者在孔子墓前徘徊时，唯一能做的就是回忆孔子的音容笑貌。这对他们来说，记忆犹新。很自然地，他们会考虑把各自记录下来的孔子的名言妙语以永久的形式铭记下来，以此来缅怀他们崇敬的老师。

但从这本著作今天的内容来看，肯定有许多后续的添改。因为它不仅包括孔子及其弟子的讨论，而且还有曾参、有若、子游、子张和子夏

---

① 《孝经·开宗明义章》。

等人的许多篇章，这些孔子言语科和文学科的年轻学生，都渴望将孔子的伟大传统延续下去。因此，尽管证据还不够充分，但我们依然能够断言最初的《论语》是由孔子自己的弟子，尤其是前面提到的那几位年轻弟子汇编而成；然而，这本书在许多年以后经过这些弟子的弟子——也就是孔子的再传弟子——添改之后才呈现出今天的面貌。例如，在第十九篇中，记录了曾参、子游、子夏、子张，以及比他们更年长的子贡的言论，这显然是后来添加的。我们相信，这本书的不具名的编纂者，也就是最终将刻写着论语的竹简编排在一起的那个人，极有可能是曾参的弟子，因为书中只有对曾参尊称为"子"，而对孔子其他的弟子，除了个别例外①，都是直呼其名。

《大学》

曾子学派第二本重要的著作是《大学》。按照传统的说法，《大学》的作者是曾参自己。但现代学者不同意这种观点，因为该书中的很多措辞和引证明显都是后来才有的。然而，无论它的作者是谁，这本书毫无疑问都是曾子学派的作品，代表着曾参对孔子的政治伦理思想所作的阐释。

《大学》的一个特色是用环环相扣的逻辑推理来进行主题论证。这也恰恰证明了它是后世的作品。它的散文，也比《论语》更加清晰明了。作者的思路平稳而有力，一步步地阐述由孔子所提出的主题："大学之道在明明德，在亲民，在止于至善。"② 紧接着又说："古之欲明明

---

① 例外的是有若，他在《论语》中多次被称为有子。
② 《大学·总纲》。

德于天下者先治其国。欲治其国者先齐其家。欲齐其家者先修其身。欲修其身者先正其心。欲正其心者先诚其意。欲诚其意者先致其知。致知在格物。"

"物格而后知至。知至而后意诚。意诚而后心正。心正而后身修。身修而后家齐。家齐而后国治。国治而后天下平。"①

在这里，我们再次看到了道德与政治的融合，这是儒家哲学的特质。根据这种理念，无论当前面临的困难有多大，也无论国家是如何地衰亡，道德修养始终是治疗所有社会弊病的灵丹妙药，因为它是社会的基石。它是万事万物的根基，比如身心平衡的个人，秩序井然的家庭，政治清明的国家，以及和谐幸福的世界。它也是每个人的人生目标，无论他贵为天子，还是最普通的平民百姓。

子思：孔子家族的杰出传人

有一种说法认为，《大学》的作者是孔子的嫡孙、曾参的弟子子思（名孔伋）。由于孔子的儿子孔鲤一生并无建树，所以孔氏家族文化传承的重任落到了子思身上。事实证明，子思是一位杰出的传人。从有关子思生平的零星资料来看，子思的人生和孔子一样，并不顺遂。尽管这个孔氏家族的名门之后受到了卫国和鲁国国君的高度礼遇，但他似乎依然吃不饱穿不暖，因为他那充满书生气的祖父留给他的遗产不足以让他过上舒适的生活。然而，尽管贫困，他不愿意接受以不恰当的方式给予的馈赠。例如，他拒绝了一位朋友赠给他的裘皮大衣。尽管他此时唯一

---

① 《大学·总纲》。

的衣服是一件破旧的单袍，但他对别人随随便便地赠予感到厌恶。他告诉那位朋友："伋闻之，妄与不如弃物于沟壑，伋虽贫也，不忍以身为沟壑，是以不敢当也。"① 结果裘皮大衣又还给了他的朋友。

文献中还有类似的一条记载：当子思在鲁国的时候，鲁缪公屡次去问候他，并且屡次送给他肉食，但子思很不高兴，因为他讨厌每次鲁缪公的问候函和礼物到来的时候他都必须像侍从一样磕头谢恩。最后，他因为不愿意被君主当犬马一样畜养，拒绝了鲁缪公的赠与。另外一条记载显示，子思曾经和鲁缪公有过一次对话。鲁缪公礼貌地问子思如何看待国君和士人交朋友。子思没好气地答道："古之人有言曰：'事之云乎？'岂曰：'友之云乎？'"他接着说："以位，则子君也，我臣也，何敢与君友也？以德，则子事我者也，奚可以与我友？②

这种对学者的尊严和独立性的维护，明显比孔子所做的更加强烈。也许时移世易，以孔子为典型代表的士人阶层，经过两代人的努力，已经赢得了尊重和威望。当然也可能是子思的性格非常刚烈，他自视甚高，坚持认为道德和学问高于一切。无论如何，子思在他的同代人中非常突出，成为儒家学派的杰出代表；他追随着他的老师曾参的足迹，使道德成为至高的品行。

《中庸》

尽管子思是否是《大学》的作者还存在着很大争议，但如果将他视

---

① 刘向：《说苑》，四库备要版，卷四，《立节》，第 2 页。
② 《孟子·万章下》。

為《中庸》的作者，則反對的人不多。① 《中庸》是儒家經典"四書"中另外一本重要的著作。不過有人懷疑該書的部分章節，尤其是後半部分的有些章節，肯定遭到了後人的添改。和《大學》一樣，該書開宗明義地陳述了據稱是孔子傳下來的主旨："喜怒哀樂之未發，謂之中；發而皆中節，謂之和。中也者，天下之大本也；和也者，天下之達道也。致中和，天地位焉，萬物育焉"。②

對中和或者"中庸"的探求，是該書的主要旨趣。然而，子思滿足於援引他的祖父——孔子的名言，而不是用自己的話語對這個主題進行系統地闡述。就這一點而言，《中庸》作為孔子名言的彙編，和《論語》沒有太大的差別。然而，子思的創新在於添加了大量的闡釋性篇章，它們要麼插在孔子的名言之間，要麼在名言之後。這些闡釋使得文章更有說服力，尤其是他在論述"天之誠"和"人之誠"的時候。文章說："誠者，天之道也。誠之者，人之道也。誠者，不勉而中，不思而得，從容中道，聖人也。誠之者，擇善而固執之者也。博學之，審問之，慎思之，明辨之，篤行之。"③

該書特別強調"至誠"，認為它能改變人性，並能使人性得到完美的發展。它也能使個人超越物的限制而上達於天。文章寫道："唯天下至誠，為能經綸天下之大經，立天下之大本，知天地之化育。夫焉有所倚？肫肫其仁！淵淵其淵！浩浩其天！苟不固聰明聖知達天德者，其孰能知之？"④

子思在許多方面似乎比他的祖父更像哲學家。很明顯，通過這些篇

---

① 然而，弗朗西斯·魏在《中國文化的精神》中寫道："我們有足夠的理由拒絕接受子思是《中庸》的作者"（第70頁）。
② 《中庸·第五章》。
③ 《中庸·第二十章》。
④ 《中庸·第二十二章》。

章可以看出，他在寻求真正的道德修养途径，最后他发现在于人自身的诚，在于奉行"中庸之道"。这种方法无论对小人还是君子同样都是有效的。虽然他的祖父认为只有君子才能固守中庸之道，小人往往恣意妄为，但子思认为两者之间的差别没有这么绝对。他声称："君子之道，费而隐。夫妇之愚，可以与知焉，及其至也，虽圣人亦有所不知焉。夫妇之不肖，可以能行焉，及其至也，虽圣人亦有所不能焉。天地之大也，人犹有所憾。故君子语大，天下莫能载焉，语小，天下莫能破焉。"①

总之，我们可以很容易地看出，就像孔子曾经为天下人——无论是农夫还是贵族——创建出道德体系那样，子思作为孔子的杰出传人，也为所有人找到了普遍而不竭的道德修养方式。这就是中庸之道，虽然普通人都可以尝试着去奉行，但即使是贵族和士人也几乎不可能达到它的最高境界。如果说孔子曾经创造了"道德人"，那么他的孙子在详尽阐述这个理念的时候，同样发现了"形而上的至高境界"。

随着《论语》、《大学》和《中庸》的问世，儒学得到了丰富和发展，孔子之"道"也得到了不断传播和弘扬。它成为中国人的正统思想只是时间问题。不过在此之前，儒家学派的追随者为了获得至高无上的地位，必须和那些在孔子之后迅速崛起的众多其他学派相竞争。我们将在下一章中介绍这些未能成为正统思想的学派。

---

① 《中庸·第十二章》。

第三章

儒家学派的竞争者

战国时代

在曾参和子思的时代，周王朝不仅没有走向孔子所设想的大同世界，反而进一步败落了。周天子虽然名义上是天下共主，但他的权威已经一落千丈，"受命于天"的君权仅限于处理宗教事务。不久，周天子名义上的共主身份都遭到了列国诸侯的挑战。他们相继僭越称王，从而无论在名义上还是事实上，都与周天子平起平坐。假如孔子继续活着看到这种乱世的话，作为封建礼治的捍卫者，他不知会受到多大的打击！

孔子之后的时代在历史上被称为战国时代。这是一个恰当的名称，因为它生动地说明了那个时代的混乱状况。作为持续混战的结果，中国大地上的政治局势发生了巨大的变化，出现了七个强大的诸侯国，它们几乎瓜分着整个国家。它们是东方的齐国，南方的楚国，西北的秦国，东北的燕国，以及北方的韩国、魏国和赵国，其中后面三个国家是由曾经强大的晋国分裂而成。与此同时，那些在孔子的时代曾经繁荣的小国，要么被大国所兼并，要么在强国的夹缝中苟延残喘。因此，这个时期的全部历史就是为了争夺最高权力而进行无休止的混战。

在这个崇尚武力的时代，各国诸侯都力求建立一支强大的军队来满足自己的私欲。他们的征服欲无休无止，他们的野心压倒一切。此外，此时的战争不再像春秋时代那样讲究封建礼法，而是以毁灭性的方式进行大规模的杀戮。结果土地被吞并，人民被奴役，士兵被大批地屠杀。一将功成万骨枯，这些阴险狡诈的政客、残忍的将军以及独断专行的诸侯，都是以普通百姓的生命为代价争权夺利。

随着财富和权力与日俱增，这些战国时代的君主们开始恣意妄为，

穷奢极欲。几乎每个国家的君主都极尽奢华之能事。他们穿着镶嵌着珍珠和宝石的华服；拥有精心雕刻的画舫和缝制刺绣的马车；生活在带有亭台楼阁的宏大宫殿。他们还沉溺于大摆宴席，狂欢豪饮。大国的君主每餐都有一百道菜，以至于他的"眼睛都来不及看，手都来不及夹，嘴都来不及尝。"① 根据史书记载，甚至像卫国这种小国的大臣，家中也拥有上百辆精心装饰的马车，上百匹喂食谷物的骏马，以及上百个身穿华服的小妾。从这些记载可以想象君主的生活是多么的奢华。

与上述情景形成强烈对比的是农民的悲惨处境，他们遭受着战争、税收和征兵的三重苦难，生活困苦不堪。生活在战国时代的孟轲生动地记录了他们的苦难，他说当时的情景是"庖有肥肉，厩有肥马，民有饥色，野有饿莩"。他进一步描述说，遇到丰年的时候，大量的粮食被参加战争的军队消耗了；而遇到灾荒年岁的时候，年老体弱的百姓成千上万地弃尸于山沟荒野之中，年轻力壮的便四处逃荒。农村的凋敝对封建社会的基本结构造成了严重的威胁。就这样，人们的不安全感导致了他们的不满，他们的不满又加剧了社会的混乱，最终使得风雨飘摇的周朝封建制度土崩瓦解。

思想的斗争

另外一种加速周王朝衰亡的破坏性力量来自于士的阶层，他们以各种新奇的学说来与儒家争夺正统地位。这是一个思想空前活跃的年代，各种原创性的思想肆意传播。迄今仍深深地影响着中国人的各种思想，

---

① 参见梅贻宝：《墨子的伦理及政治论著》（Mei Yi-pao, *The Ethical and Political Works of Motse*），第 25 页。

似乎一下子冲破传统的束缚迸发出来，自由地发展。当人们从思想观念的束缚中解放出来的时候，他们就可以从各种角度重新自由地审视生活，并且得出自己喜欢的任何结论。带着新的热忱和好奇，他们开始探索所有的学问，无论它是学问的正统还是旁门左道。

在周王朝漫长的历史过程中，中国人的身心开始慢慢地成熟，随之而来的是心智的发展和拓展。但与此同时，生活变得更加复杂。当人们发现自己处于社会的巨变之中时，他们对面临的各种问题感到前所未有的困惑。他们必然想要解决这些问题。事实上，他们面对的环境越是混乱，他们的思维就越是活跃，就更乐于接受那些流行开来的新奇思想。这些思想反过来提升了他们的智慧，增长了他们的才智，以至于他们的思想变得天马行空。就这样，中国历史上最伟大的思想解放运动发生了。

具有讽刺意味的是，是孔子自己在不经意间促进了这些异端思想的发展。他或许是最后一个鼓励这些非正统思想发展的人。正如我们所知道的，是孔子第一个打破官方对教育的垄断，将周朝的经典文献介绍给大众；是他在来自不同阶层的众多弟子中传道授业；也是他树立了在游历中宣传自己学说的学者典范。换句话说，正是在孔子的指引下，中国人开始学习和宣扬中国古代的文化，从而为"诸子百家"的蓬勃兴起铺平了道路。

总的来说，所有这些思想流派都来源于周朝文化这棵大树。然而，很自然地，这些分枝会向不同方向伸展，尤其是经过嫁接之后，它们的变化是如此之大，以至于难以辨认出它们与大树之间的繁衍关系。虽然有时候这些思想家也会承认从更早的商朝和夏朝，甚至传说中的三皇五帝时代汲取思想的养分，但是无论如何，他们的哲学思想之根，扎在周朝文化的土壤中。他们从周朝的思想家那里获得启发，从周朝的文化中汲取智慧，从而结出思想的果实。

正如我们所看到的，如果说孔子的学说代表了周朝文化的主干，那么其他学说都是繁衍出来的分枝。事实上，这些新的分枝是如此的茂盛和强壮，以至于遮蔽了躯干自身。这些新的哲学流派是如何联合起来削弱儒家学派的道统？它们之间为了争夺最高话语权又是如何相互论战？在中国历史上这个思想最为活跃的时期，诸子纷争的局面就像20世纪的意识形态战争那样引人入胜。

柔弱胜刚强

在各种非正统的学派中，最重要的是道家。道家据说是由老聃所创立。老聃，姓李名耳，又称老子。他与孔子是同一时代的人，年长于孔子。根据传统的说法，他曾在周朝的都城洛邑担任"守藏室之史"，是当时最有学问的人之一。我们还记得，孔子曾经向老子问礼，并且得到了关于谦卑和简朴生活的告诫。传统的说法还认为，老子在决定退隐之后，离开周朝的都城西行而去。在他到达函谷关的时代，守关的官员请求他把自己的学说写下来。于是老子写下了5000字的流芳百世的《道德经》，又称《老子》。它是世界哲学史上最深奥的著作之一。

然而，上述故事并非没有可疑之处。尤其是这本名著的作者和成书时间引起了大量的争论。可以这样说，尽管我们相信老聃这个历史人物的存在，也相信他曾在洛邑与孔子会面，但在另一方面，我们对于他是否是5000字的《道德经》的作者持怀疑态度。因为从内容和行文风格来看，这本书应该是晚些时期的作品，最有可能是战国时代的作品。尽管如此，我们必须承认无论《道德经》的作者是谁，它都是道家哲学中最重要的经典，蕴含着深邃的思想和丰富的想象。此外，大量的韵文和警句式的风格使它具有诗歌之美，这在同时代的哲学著作中是独一无二的。

在我们看来，由于老子担任过周朝图书档案馆的馆长，十有八九是北方人，很可能来自于周朝的王畿之地或者临近的国家。而《道德经》的作者很有可能来自于长江流域的楚国，因为大多数道家学者都出自那里。① 由于这个原因，《道德经》中"道"的含义与孔子的信条截然相反，后者代表了生活在黄河流域的北方人对道的基本理解。从此以后，中国思想史上的两大流派——前者睿智而逍遥，后者积极而进取——开始了漫长的竞争。直到今天，依然如此。

正如我们所指出的，孔子的人生观是积极入世的，而作为《道德经》作者的老子——下文与担任周朝"守藏室之史"的老聃区分开来——提倡的哲学在本质上是自然主义的，是反社会的。不知什么原因，那时候的南方是隐士和自然主义者的集中地，在孔子周游列国的时候，他们中有些人与孔子相遇过。作为对天下大乱的不同回应，他们认为孔子所做的一切努力都是徒劳，而后者希望通过政治改革恢复西周的礼乐制度。用其中一位隐士的话说，他们全都从人世中撤回，将自然作为最好的隐居地，过简单的理想生活，以务农为职业——如果他们有职业的话——以"无为"作为根本的信条。

这种"无为"的学说本质上就是"不干涉"理论。作为一种生活哲学，它意味着个人应该顺应天性，按照自然而然的方式养生。这种理论如果应用到政治上，那就是道家首先倡导的"无为而治"。老子宣称，治理国家最好的方法就是不去治理，他提供给读者的至理名言是"治大国如烹小鲜"。② 这句话的意思尽管乍看之下令人困惑，但其实并

---

① 参见钱穆的《先秦诸子系年》，第187–210页。他在书中区分了老子的三种原型，并且确定作为《道德经》作者的老子活跃于公元前4世纪。

② 《道德经·第六十章》。

不是难以理解。我们知道，烹小鲜不需要太多的时间和技术。治理一个大国也应该像这样简单而容易，统治者不应该去干涉人们的生活，以便让人们不受干扰地过着平静而幸福的生活。所以，老子说："我无为而民自化，我好静而民自正，我无事而民自富，我无欲而民自朴。"①

在《道德经》中，老子不仅讲授了无为的价值，而且赞美了无的功用。他举了几个例子，比如黏土制作的陶器，轮辐汇集的车毂，房屋的内部，都是因为有了中空的地方才有了功用，所以他提出了这样的观点："有之以为利，无之以为用。"② 同样的例子还有风箱，虽然里面空虚却不会穷竭，"动而愈出"。③ 出于同样的原因，老子赞扬了"谷神"——它和风箱一样也是中空的，是道家"空"的象征。因此，空谷又被称为"玄牝"，④ 它代表着生养天地万物的道，是"天地万物之母"。同时，"牝"也意味着柔弱和谦卑。所谓柔弱胜刚强或者柔能克刚，是指柔弱的东西如果始终保持顺从而谦卑的状态，就能战胜刚强的东西——没有什么东西比水更柔弱了，但它却能滴穿坚石。所以谦卑或者温顺是道家的理想状态，因为越是谦卑就越是接近道，越是温顺就越能获得保全。

从这些观点可以明显地看出，道家反对所有的人类制度，认为它们会妨碍人类天性的自由展现。老子因而反对仁、义这些并非出于自然的品德，认为它们是道德败坏的根源，而是提倡谦虚、宁静这样的美德。他声称人应该返回到原始素朴的状态中去，因为在这种状态下，人的本性不会受到世俗的玷污和人为规则的束缚。因此，他排斥所有人为的知识和礼仪，认为它们都是有害的。他嘲笑礼仪人士，认为"上礼为之而

---

① 《道德经·第五十七章》。
② 《道德经·第十一章》。
③ 《道德经·第五章》。
④ 《道德经·第六章》。

莫之应，则攘臂而扔之"。① 当然，这里的礼仪人士，明显是指孔子那些教条主义的追随者。

此外，在老子看来，文艺作品以及所有"令人行防"的难得之货，② 都应该销毁，这样才能使人们的心灵摆脱物欲，没有物欲也就没有了邪恶。最后，甚至连智慧和知识都受到了他的抨击。他认为它们也应该像人为的品德那样被遗弃，从而使"民利百倍"。在这种语境中，我们可以看出，老子对知识与道所作的区分非常有趣。老子写道：

为学日益，为道日损。损之又损，以至于无为。无为而无不为。取天下常以无事。及其有事，不足以取天下。③

从上述简短的描述可以很容易地看出，尽管老子和孔子都使用同样的术语"道"，但他们的解释是完全不同的。孔子的道从某种意义上说是伦理的，是一种处世之道，而老子的道本质上是形而上学的，能够被视为无所不包的万物第一法则，万物所各自分享的道则被称为"德"。具体来说，老子书中的道是宇宙万物发展变化背后永恒不变的法则。所以它是无始无终、无所不在、无穷无尽、无可窥测的万物之源。道遵循自然的法则，而天、地、人又遵循道的法则。老子写道：

道生一，一生二，二生三，三生万物。万物负阴而抱阳，冲气以为和。④

① 《道德经·第三十八章》。
② 《道德经·第十二章》。
③ 《道德经·第四十八章》。
④ 《道德经·第四十二章》。

兼 爱

相对于老子这种充满神秘的自然主义哲学，墨翟的学说就明显看起来平淡而朴实。墨翟是中国另外一个重要的哲学流派——墨家的创始人。墨翟的生平和老子一样，我们知之甚少。我们甚至不能确定他的姓名，因为有一种说法认为①，"墨"并不是这位哲学家的姓，而只是代表他的社会身份，代表他是一名犯人！②同时，"翟"的意思是野鸡的羽毛，是这个"罪犯哲学家"打扮成乡下人时所用的装饰品。③当然，由于时代久远，我们很难确定这些说法是否真实。事实上，我们唯一能确定的是墨子来自社会的下层。如果我们想要理解墨子思想的诸多特质的话，这是我们必须牢记的重要事实。

我们不知道墨子出生的时间和地点。④从各种文献来看，我们猜测他和子思是同时代的人，大约活跃在公元前5世纪。我们可以看到他曾经在宋国担任过一段时间的低级官员，广泛游历过东方的齐国和鲁国，以及南方的楚国，最后可能死于楚国。

按照传统的权威说法，墨子最初曾经师从儒者学习儒学，但失望而归，创立了自己的学派。这是有可能的，因为尽管儒、墨两家基本教义完全不同，但他们都从古代的圣君那里获得启示。在这个方面，墨子甚

---

① 关于墨子姓名的由来可参见钱穆的《先秦诸子系年》，第84-91页。

② 这些罪犯之所以被称为"墨"，是因为他们的前额有黑色的刺青。

③ 例如，子路在拜孔子为师之前，据说头上戴着插满公鸡羽毛的帽子。无论是公鸡还是野鸡的羽毛，都使佩戴者看起来像乡下人。

④ 墨子最有可能的生卒时间为公元前480年至公元前390年；他的出生地有宋国、齐国、鲁国和楚国等各种说法。

儒学简史

至比孔子走得更远，因为他选定的偶像人物是大禹——传说中夏朝的建立者。大禹就像西方人的诺亚那样家喻户晓，但他肯定比这个著名的希伯来人更加伟大，因为诺亚只是驾驶着方舟躲避洪水，而大禹竟然把洪水制服了。他从肆虐中原地区几十年的洪水那里夺回了大片的土地，为中国人民作出了巨大的贡献。除了是中国人的救世主，大禹还因为恪尽职守、不畏牺牲而闻名。在他治理洪水的过程中，据说他忍受了无尽的艰辛和困苦。我们还听说大禹"腓无胈，胫无毛，沐甚雨，栉疾风"。①

传说中的大禹的精神实际上就是墨子的精神。墨子来自于社会的下层，传授一种代表下层人民利益的生活哲学，因此完全反对孔子和老子这些代表上层社会的学说。事实上，墨子不仅广为布道，而且严格地过一种禁欲自苦的生活。为了他的同胞，墨子和他的弟子全部以粗布为衣，穿着草鞋，白天黑夜都不休息，吃再大的苦也心甘情愿。他的一个弟子曾说："不能如此，非禹之道也，不足谓墨。"② 墨子正是依靠这种"摩顶放踵利天下"的自我牺牲精神闻名于世。

作为下层人民的一员，墨子对贵族艺术，如舞蹈、音乐和刺绣，以及其他美化生活的活动都没有好感。他的平民立场使他反对贵族在婚礼、葬礼、守孝三年等仪式上的奢侈浪费；实际上，所有这些封建礼仪都是孔子非常看重的。事实上，在我们这位无产阶级哲学家看来，这些活动纯粹是浪费时间和金钱，而且会对人民的生产产生不利的影响，因为他们必须为筹备这些代价不菲的贵族仪式付出血汗。在抨击当时的厚葬之风时，墨子写道："存乎匹夫贱人死者，殆竭家室；存乎诸侯死者，虚车府，然后金玉珠玑比乎身，纶组节约，车马藏乎圹，又必多为屋幕、鼎、鼓、几、梴、壶、滥、戈、剑、羽、旄、齿、革，寝而埋之，

① 霍尔斯：《墨子》（Holth, *Micius*），第60页。也可参见《庄子》，四库备要版，第十卷，《天下》，第15页。
② 《庄子》，四库备要版，第十卷，《天下》，第15页。

满意，若送从。"①

在墨子看来，国家的贫困是最大的灾祸之一，它不仅使人民陷入痛苦的深渊，而且会遭到天的诅咒。对出身于劳动人民的墨子来说，天是最高的神，他主宰着人间的秩序，他的意志应该得到敬畏和奉行。墨子宣称："所有天志肯定的东西，都是对的，所有它否定的东西，都是错的"。② 他相信即使像人的发梢这么微小的东西，都是天的创作。天无所不知，无所不能，他审视着世界上发生的一切，如果是好的，他会给予相应的奖赏，如果是坏的，他会给予对应的处罚。

墨子的学说植根于人民，也服务于人民。对仍处于愚昧状态的广大人民来说，也许没有什么能比主宰着人类一切事务的天更具有号召力了。然而，这种宗教的吁求并没有使墨子成为狂热分子，也没使他成为所谓的新宗教运动的领袖。相反，他实际上所作的恢复中国古代的宗教，恢复被老子、孔子这些无神论知识分子所逐渐放弃的教义。为了抵消他们的影响，墨子在他的信奉者之中重塑宗教的信仰。他也取得了前所未有的成功，使宗教成为墨学的信仰基础。不过从本质上说，墨学和儒学一样，都是人本位和入世的。

墨子哲学的核心是兼爱。它是一种崇高的品德，相对于孔子的"仁爱"而言，它的适用范围和适用对象更广。在孔子看来，由于人与人之间的关系并不相同，因此对不同的人会有不同的感情。例如，对兄弟的爱肯定不同于对父亲的爱，对自己父亲的爱肯定不同于对邻居父亲的爱。但对于来自民间的墨子来说，他考虑的是一种更加简单易行的品德，所以他宣称兼爱应该是所有人之间不分差等的平等之爱。他进一步声明，这种普遍的爱是医治当时四分五裂的病态社会的唯一良方。墨子

① 《墨子》，四库备要版，卷六，《节葬下》，第6页。
② 梁启超：《先秦政治思想史》，第110页。

主张，如果每个人能够爱别人像爱自己，那么社会的纷争和动乱就会终止。这无疑是一种伟大的理想，但墨子充分利用逻辑的力量使它令人信服。

在墨子这种具有兼爱精神的人看来，最可怕的敌人是仇恨，因为它们最终会引起杀戮。就这一点而言，还有什么比尸横遍野的战争更令人恐怖呢？尽管中国所有的哲学家都谴责战争，但墨子表现得尤为强烈。事实上，他不仅在口头上反对战争，而且进一步付诸行动。墨子曾经把他的追随者组织成纪律严明的武装团体，目的就是阻止侵略性的战争；如果必要的话，他们可以为了保护受害者而不惜牺牲自己。有一个故事说，当墨子听说强大的楚国准备进攻宋国的时候，他日夜兼程，走了十天十夜来到楚国的都城，劝阻楚王打消攻宋的念头。与此同时，由于担心自己有可能劝阻失败，墨子派了300名弟子带着他设计的守城武器，登上宋国的城墙准备迎战入侵的楚军。幸运的是，这种预防措施最后没有用上。

墨家学派这种纪律严明、禁欲苦行的传统延续了好几个世纪，直到周朝的终结。在墨子在世的时候，他已经拥有了大量的追随者，他们都愿意为了维护天下人的利益不惜牺牲自己。在墨子去世之后，这种精神和纪律在巨子的领导下得到了延续。巨子是墨家组织的领袖，在忠实的信徒中选举产生。在巨子的领导下，墨家学派作为一种民间军事组织，在战国时代非常活跃。尽管它从来没有公然地进行革命，但它本质上是周朝贵族社会的破坏性力量。然而，最让儒家学者愤怒的是墨家学派针锋相对的异端学说，而不是其秘密活动。作为这种愤怒的结果，两个学派之间爆发了激烈的论战。除了在思想上的相互谩骂和辱骂，斗争的双方似乎还相互加以恶名。例如，墨者把执礼的儒者称为"儒者"；作为反击，儒者把墨子这样的墨家领袖称为"罪犯"。然而，与儒者缓慢地接受这个贬损性的外号不同，墨者毫无怨言地接受了这个绰号。事实

上，他们为拥有墨子这样的领袖而感到自豪，因为墨子虽然来自于受压迫的下层民众，但最终成长为他们的代言人和预言家。也许我们应该加一句，墨子是最伟大的劳动人民哲学家。

非道德的幸福

在战国时代，经常与墨子相提并论的另外一位哲学家是杨朱。杨朱是利己主义的鼓吹者。尽管墨子和杨朱长期以来一直被儒家视为共同的敌人，但我们不能忽视这样一个事实，那就是他们的信条截然不同：墨子主张兼爱，而杨朱主张"贵己"和感官享受。杨朱的这些哲学主张让他看起来很另类。如果要将他归入某个哲学流派的话，那就是道家，因为他们都提倡非道德的人生观，对死亡都持宿命论的态度——这种态度为他主张现世的享受提供了很好的理由。传说杨朱和老子曾经会面，① 这有助于将杨朱与道家的创始人建立联系，但在另一方面，这段轶事无法证明他们是同辈人。相反，现代学者倾向于认为杨朱很可能活跃于公元前 4 世纪，主要生活在魏惠王（前 369 年–前 319）统治下的魏国。和其他哲学家一样，杨朱也是边游历边讲学，从而使他的学说广为传播，在民间产生了重要的影响。

这些零星的事实是我们对于这位有趣的享乐主义哲学家所知道的全部。同样，他流传下来的哲学思想也只剩下道家著作《列子》中的一篇。不过这仍然是令人高度怀疑的。即使我们认可它是真实可靠的，但我们仍然会怀疑它是否代表了杨朱哲学的精华。因此，我们所能做的就

---

① 参见吉尔斯：《庄子》（H. A. Giles, *Chuang Tzu*），第 368–369 页。

是认真学习其中的内容，并把它视为中国古代哲学发展过程中某一阶段的例证。

简而言之，杨朱的基本观点是：既然我们的人生如此短暂，而且其中大量的时间花在了婴儿期和老年期，花在了每天的睡眠上，所以我们必须最大限度地利用它。杨朱坚持认为，名声和赞美都只是暂时的，人生最有意义的事情在于感官的满足，比如美食、服饰、音乐和美女带来的快乐。正是这些东西给生活增添了乐趣。所以杨朱建议："让我们尽情地吃喝；让我们快乐地生活；让我们的耳目得到满足；让我们拥有奴仆和侍女；让我们享受音乐和美酒。如果白天的时间不够，让我们娱乐至深夜。"[①]

为了进一步阐述他的人生态度，杨朱讲了一个故事：郑国有一个著名的国相，[②] 叫做子产（子产在这里代表自以为是的儒家学派官员）；他有一个哥哥和一个弟弟，都是酒色之徒。他们的做事风格与子产完全不同。哥哥好酒，家里"藏有上千坛好酒，陈曲堆积成山，离大门百步之远，糟浆的气味就直冲入鼻"；弟弟好色，他的后庭有三四十间房，每个房间都住着年少美貌的女子，弟弟沉迷于其中，日以继夜。很自然地，自以为是的子产非常担心，最后终于鼓起勇气去规劝他们。然而，他的兄弟很冷漠地对待他，不仅没有接受他的劝告，反而开导他说：

"欲尊礼义以夸人，矫情性以招名，吾以此为弗若死矣。为欲尽一生之欢，穷当年之乐，唯患腹溢而不得恣口之饮，力惫而不得肆情于色；不遑忧名声之丑，性命之危也。且若以治国之能夸物，欲以说辞乱

———————

① 参见理雅格：《中国经典》，第二册，《孟子·前言》，第102页。
② 关于子产制定中国第一部法律的故事，参见本书第七章。

我之心，荣禄喜我之意，不亦鄙而可怜哉!"①

很明显，这种学说就像打儒家学者的耳光，尤其刺痛他们的是杨朱谈起儒家的圣人，如孔子、周公、舜、禹等人时那种轻蔑的态度。杨朱指责说，这四个人都是傻瓜，忙碌一生仅仅是为了博取好的名声。那什么是好的名声呢? 杨朱认为不过是死后无法享受的虚名。他认为儒家所鼓吹的道德也是这样，仅仅是一个骗局，完全是表面的、多余的和徒劳的。因此，杨朱根据道家的理念宣称，我们应该回到原始素朴的状态；但他超越道家的地方在于坚称我们应该打破道德考量的束缚，完全放任我们的天性，并尽可能地满足它。作为过着悠闲生活的没落贵族，杨朱所主张的享乐主义哲学与墨子的禁欲主义以及孔子的道德追求形成了尖锐的对立。毫无疑问，他们无法和睦相处。所以我们发现孔子的追随者对杨朱进行了强烈的谴责，就像他们对待墨子那样。

庄周梦蝶

如果将杨朱称为颓废主义者，那么生活在公元前 4 世纪的道家哲学家庄周，或许应该被称为浪漫的神秘主义者。庄子也许是道家学派中最杰出的，也是最才华横溢的。他才思敏捷，想象力丰富，喜欢用美丽的寓言和有趣的掌故来阐明他的论述，这使他的作品流芳百世。由于这个原因，尽管我们对庄子的生平知之甚少，但相对于其他哲学家而言，我们似乎对他更加熟悉；我们也被其作品中字里行间流露着的独特人格魅

① 关于子产和他兄弟的故事见于《列子》，四库备要版，卷七，《杨朱》，第5-6 页。

力所深深吸引。

庄子不仅善于讲故事，而且自己往往也成为许多迷人故事中的主角，这大大增加了他生活中的浪漫气息。有一个故事说，庄子在濮水边钓鱼，此时楚王派来两名使者请他前去担任国相，但遭到了庄子的谢绝。他说："吾闻楚有神龟，死已三千岁矣，王以巾笥而藏之庙堂之上。此龟者，宁其死为留骨而贵乎？宁其生而曳尾于涂中乎？"他接着说："往矣！吾将曳尾于涂中。"①

庄子最有名的故事来自于他自己。他写道：昔者庄周梦为蝴蝶，栩栩然蝴蝶也，自喻适志与，不知周也。俄然觉，则蘧蘧然周也。不知周之蝴蝶与，蝴蝶之梦为周与？②

关于梦，庄子有很多话想说。他写道：梦饮酒者，旦而哭泣；梦哭泣者，旦而田猎。方其梦也，不知其梦。梦之中又占其梦焉，觉而后知其梦也。且有大觉而后知此其大梦也。③

如果人生就像梦一样只是一刹那，那么死也是如此。事实上，如果我们仔细地审视，就会像庄子那样发现，无论是生还是死，都只是宇宙演变过程中的一个环节，就像日夜交替和四季变更那样。庄子说："当我们来到这个世界，那只是我们恰好有机会生；如果我们离开这个世界，那也只是顺应自然。"④ 因此，死不必悲伤，生也没有理由欣喜。本着这样的理念，当妻子去世的时候，庄子并没有痛哭；相反，他坐在地上，敲打着瓦盆唱歌。而当他自己快要死的时候，他反对弟子们对他进行厚葬。他说："吾以天地为棺椁，以日月为连璧，星辰为珠玑，万物为赍送。吾葬具岂不备邪？何以加此！"⑤ 但弟子们担心老师的遗体

---

① 《庄子》，第六卷，《秋水》，第14-15页。
② 《庄子》，第一卷，《齐物论》，第25页。
③ 同上，第23页。
④ 冯友兰：《庄子》，第121页。
⑤ 《庄子》，第十卷，《列御寇》，第12页。

会被乌鸦和老鹰啄食。庄子告诉他们说："在上为乌鸢食，在下为蝼蚁食，夺彼与此，何其偏也！"①

这让我们想起了庄子与髑髅的故事。故事说，有一天庄子到南方的楚国去，在路边看到一个空髑髅。庄子用马鞭敲着髑髅问道："你是因为贪求生命、失却真理而死的吗？是国破家亡，遭到刀斧之刑而死的吗？是自己干了罪恶的勾当，有愧于父母妻子而死的吗？是遭受寒冷与饥饿的灾祸而死，还是寿终正寝自然死亡的呢？"说完，庄子拿过髑髅，当作枕头而睡去。半夜，髑髅出现在庄子的梦中，告诉他死亡有多快乐，但庄子并不相信。他问髑髅是否愿意复活，从而回到父母妻儿和亲朋好友那里去。没想到髑髅紧皱着眉头说："吾安能弃南面王乐而复为人间之劳乎！"②

在庄子看来，人类之所以陷入困境，是因为没有循道而行，也就是未能保持清静无为、顺应自然，反而为自己设置了礼仪规范、道德约束、社会责任乃至所有人类文明等各种束缚。与此同时，人类不满足于扰乱自己的本性，还把自己认为对的和好的东西强加给别人。这就等于给马套上了缰绳，用绳子栓住了牛鼻子；人类甚至还想加长鸭子的腿、把鹤的腿截短以使它们整齐划一。人类就像"鲁侯养海鸟"这个寓言中的鲁侯，用酒、肉和高雅音乐来养鸟，结果把鸟弄死了。当然，这个悲剧是因为鲁侯愚蠢地用自己的生活方式来养鸟，而不是顺应鸟的本性来养鸟，因为鸟更喜欢"栖之深林，游之坛陆，浮之江湖，食之鳅鲦，随行列而止，逶迤而处"。庄子评论说，"彼唯人言之恶闻，奚以夫譊譊为乎"！③

---

① 《庄子》，第十卷，《列御寇》，第12页。
② 《庄子》，第六卷，《至乐》，第17—18页。
③ 同上，第18—19页。

因此，庄子建议，如果人类想要获得真正的幸福，就必须让自己的性情自由发展，而不去用知识与常识去妨碍它。"无视无听，抱神以静，行将至正。"① 道的本质在于无视、无听和无为。"必静必清，无劳汝形，无摇汝精，乃可以长生。目无所见，耳无所闻，心无所知，汝神将守形，形乃长生。"②

无为可以恢复人的精神，这个道理体现在下面这则关于黄帝与玄珠的寓言之中。庄子告诉我们，黄帝曾经游历于赤水的北面，登上昆仑山向南眺望。返回时，遗失了玄珠。他让"知"去寻找，没有找到；他让"视"去寻找，也没有找到；他让"言"去寻找，还是没有找到。最后他让"无"去寻找，"无"找到了。黄帝说："异哉！象罔乃可以得之乎？"③

从上面的论述可以明显地看出，庄子对儒家学说不以为然。在这个信奉无为的哲学家看来，致力于道德改革和社会改革的孔子特别像一个爱管闲事的人。所以他不留情面地批评孔子。这样的批评很多，也都很巧妙。有时候他会杜撰一些故事，故事中作为儒家领袖的孔子被描绘成道家的皈依者，发表道家的言论。还有些时候孔子会以真面目出现，但只是作为道家人物的陪衬。在这样一个故事中，据说孔子前去拜访老聃，目的是想获得老聃的推荐，使他的著作可以藏于周王室。但老聃对此并不热衷。于是孔子翻开这些著作，开始向老聃反复解释这些书的重要性。最后老聃变得不耐烦了，打断孔子的话说："大谩，愿闻其要。"④ 孔子勇敢地回答说："要在仁义。"⑤ 眼看孔子这个书呆子又准

---

① 《庄子》，第四卷，《在宥》，第18页。
② 同上。
③ 《庄子》，第五卷，《天地》，第3页。黄帝是传说中的中华民族的始祖，大约生活在公元前2700年，他也是道教的神。
④ 《庄子》，第五卷，《天道》，第16页。
⑤ 同上。

备长篇大论，老聃告诫他说："天地固有常矣，日月固有明矣，星辰固有列矣，禽兽固有群矣，树木固有立矣。"① 换句话说，孔子被告诫应该依德而行，顺道去做，而不是"偈偈乎揭仁义，若击鼓而求亡子焉"。②

老聃接着对孔子说："噫，夫子乱人之性也！"③

最后，庄子还杜撰了一个关于孔子与盗跖的故事。在这个故事中，孔子遭到了盗跖恶意的嘲讽。庄子在故事中说，有一天，著名的强盗盗跖和他的手下正在烹炒人肝而食，此时孔子前来拜访。听到孔子的通报后，盗跖大怒，目如明星，"发上指冠"。④ 带着愤怒和烦躁，盗跖威胁孔子说，要把他的肝当"午餐"。最后，当孔子来到面前时，盗跖指责他说："缝衣浅带，矫言伪行，以迷惑天下之主，而欲求富贵焉，盗莫大于子。天下何故不谓子为盗丘，而乃谓我为盗跖？"⑤ 此时，孔圣人在盗跖面前显得非常谦卑。当他小心翼翼地接近这个傲慢的主人时，尽力表现出镇定自若的样子。我们似乎看到他首先快步向前，小心地避开盗跖的坐垫，朝着盗跖拜了又拜，然后快步退回去。最后，他同样小心翼翼地向盗跖行告别礼，只是这次加快了撤退的步伐。事实上，他是如此的惊恐，以至于"出门上车，执辔三失，目茫然无见，色若死灰，据轼低头，不能出气"。⑥ 这肯定是我们所见过的关于孔子的最滑稽场景。

---

① 《庄子》，第五卷，《天道》，第 16 页。
② 同上。
③ 同上。
④ 《庄子》，第九卷，《盗跖》，第 18 页。
⑤ 同上，第 20 页。
⑥ 同上，第 21 页。

白马非马

从上面的论述可以明显地看出，在中国思想史上这个最活跃最繁荣的时期，以孔子为代表的儒家学派，只是众多学派中的一个。不可否认，儒家拥有传承由周公和孔子传下来的周朝正统文化的优势。但随着周王朝在战国时代的日渐式微，儒家学派也是如此。除了道家、墨家，以及后来的法家这些主要的竞争对手，还有其他众多的学派，它们与主要学派相生相克，从而为群星璀璨的士阶层增添了星光。

例如，名家提出一种认识论，强调研究自然现象的必要性；其代表人物都精通辩证法。这使得他们提出了一系列逻辑命题，如"卵有毛""火不热""飞鸟之影未尝动""白狗黑"等等。① 这些命题在战国时代同样闻名于世。

名家最有名的代表人物是惠施（公元前 4 世纪）和公孙龙（公元前 3–4 世纪）。两人都以善辩知名，前者强调实的相对性，后者强调名的绝对性。惠施是庄子的朋友，两人经常进行辩论。他还曾经担任过魏国的国相。据说"惠施多方，其书五车"。另外一位逻辑学家公孙龙，是《公孙龙子·白马论》的作者，提出了"白马非马"的命题。书中的故事说，有一天，公孙龙骑着白马来到函谷关，但被关吏拦了下来。关吏说："马不能入关。"于是这个哲学家游客辩称："我的是白马，白马和马不是一回事。"② 说完这些话，他耀武扬威地过了关，留下关吏

---

① 这些逻辑命题及其答案可参见吉尔斯：《庄子》（H. A. Giles, *Chuang Tzu*），第 450–453 页。

② 冯友兰：《中国哲学简史》，第 87 页。

在那里目瞪口呆，如坠五里雾中。

同样以能言善辩著称的学派还有"纵横家"。他们都是擅长游说和谋划的政治活动者。这个学派的鼻祖是王诩（公元前 4 世纪），因隐居清溪之鬼谷，所以人称鬼谷子。这个学派有两个最有成就的代表，那就是苏秦和张仪。他们一起在鬼谷师从鬼谷子，学成之后各奔前程。在两人之中，苏秦的运气更好一些。在经历了短暂的挫折之后，苏秦成功组建了由齐、楚、燕、韩、魏、赵等六国组成的合纵联盟，担任联盟的"从约长"，并兼佩六国相印。

与此同时，张仪可谓饱受挫折。他曾经在楚国被指控偷窃，遭受了笞刑；他曾经去苏秦那里寻求帮助，结果被这位显达的同学粗鲁地赶走。最后，他穷困潦倒地回到家中，结果遭到了妻子的奚落。然而，张仪平静地对妻子说："视吾舌尚在不?"他的妻子笑着说："舌在也。"张仪说："足矣。"① 不久之后，他再次出去寻找机会。不过这次他前往的是秦国，凭借自己的三寸不烂之舌赢得了秦王的信任。他建议秦王实行连横的策略，来对付苏秦的合纵联盟。他还多次出使反秦的联盟国家，使它们自相残杀，而不是合力对付秦国。就这样，苏秦的合纵联盟很快就解散了，两人的命运也因此逆转。他们的身份就是当时典型的游士。

除此之外，还有孙武创始的兵家学派。孙武（公元前 5 - 6 世纪）是著名的将军，著有《孙子兵法》十三篇，阐述军事谋略和斗争哲学。② 尽管它成书的时间较晚，但仍然是中国第一本兵书，一直作为

---

① 《史记》，四库备要版，卷七十，《张仪列传》，第 1 页。

② 莱昂内尔·吉尔斯（Lionel Giles）在他的译著《孙子：战争的艺术》中，把《孙子兵法》称为"世界上最古老的军事著作"。郑·林（Cheng Lin）也翻译了《孙子兵法》，他怀疑这本书的作者并非孙武，但相信该书创作于公元前 510 年左右。然而，如今许多中国学者拒绝承认孙武的存在，他们认为这本书是战国时代的作品。

"兵学圣典"流传到今天。关于它的作者，流传着这样一个故事：孙武曾经受吴王的委托训练一支180人的娘子军，士兵都是从吴王的后宫中选出。但在一开始点名的时候，这些年轻的女兵根本不把孙武放在眼里，嘻嘻哈哈笑个不停。作为严格纪律的信奉者，孙武把不守纪律的两名队长——她们也是吴王最喜爱的两名宠姬——当众斩首。自此以后，他的命令没人敢违抗，他的威名也广为传播。

最后，为了使诸子的名单更加完整，我们必须提及由道家衍生出来的阴阳家学派。该学派之所以得名，是因为相信阴阳是宇宙最根本的生成法则，两者相互作用孕育天地万物。有时候它也被称为五行学派，因为它提出一种奇怪的理论，认为每一个历史阶段都是由土、木、金、火、水这五种元素中的一种所主导。这五种元素相生相克，无限循环往复。例如，金在主导某一个历史阶段以后，将被火所克；与此相类似，火被水所克，水被土所克，土被木所克，木被金所克。总而言之，该学派第一次综合了中国人的超自然思想，把它们整合成单一的思想体系；它也为各种神秘信仰，如占卦、相面和风水，① 以及各种伪科学提供了哲学基础。更为重要的是，它支撑着中国古代的种种迷信。

① 长期以来，中国人相信房屋或墓地的大小要和风、雨水（风-水）这些自然的力量相协调。

第四章

儒家的中流砥柱

亚圣孟轲

正如我们所看到的，战国时代不仅是政治混乱的时代，也是思想非常活跃的时代，诸子百家为了争夺最高地位争芳斗艳。事实上，这也是一个群星璀璨、人才辈出的时代，一大批杰出的思想家和学者脱颖而出。在这些人中间，孟轲无疑是最了不起的。他长于论辩，信念坚定，无所畏惧，不仅捍卫了孔子的道德学说和政治学说，而且慷慨激昂地抨击了其他学派的各种异端学说。他详细阐述了儒家的信条，并使其日臻完善。由于他对儒学的贡献，以及他对儒家传统的卫护和承续，孟轲在儒家学者中占据着独特的地位。后人将他尊称为亚圣，仅次于伟大的孔子。

孟轲，也就是众所周知的孟子，生活在公元前 4 世纪。他的出生日期不详。传统的说法认为，他活了 84 岁，大约是从公元前 372 年到公元前 289 年。[1] 他出生在鲁国附近的邹国。[2] 事实上，他的祖先可以追溯到鲁国贵族孟孙氏，家族中有人曾经向孔子学习礼仪。但随着时间的推移，孟孙氏衰微了，有一支从鲁国迁居到邹国，沦为了平民。孟子就是在这样的环境中出生的。

孟子的父亲对孟子的影响很小。据说他在孟子 3 岁的时候就去世

---

[1] 孟子的生卒时间有各种说法，可参见罗根泽：《孟子评传》，第 9-24 页。罗根泽认为孟子生于公元前 370 年左右，死于公元前 290 年左右。而钱穆认为孟子的生卒时间为公元前 390 年至公元前 305 年，这比罗根泽的说法早了 20 年。（《先秦诸子系年》，第 172-173 页。）

[2] 在大多数学者看来，邹国和鲁国的邹邑并不是同一个地方。孔子的父亲曾经在邹邑当官，而孔子就出生在邹邑。

了。然而，孟子的母亲是著名的历史人物，被普遍认为是母教的典范。几千年来，孟母教子的故事代代流传，用来作为培育子女成才的成功范例。在这些故事中，孟母三迁的故事家喻户晓，讲的是孟母为了给儿子提供良好的成长环境，接连三次搬家。孟子家最初住在墓地附近，孟子的模仿性很强，学着大人跪拜、哭嚎的样子，玩起办理丧事的游戏。孟母说："此非吾所以居处子也。"① 于是就带着孟子搬到了集市。在这里，孟子整天模仿商人做生意讨价还价和大声吆喝的样子。带着巨大的忧虑，孟母决定再次搬家。这一次他们搬到了学宫旁边，聪颖的孟子开始模仿官员学习行礼跪拜、揖让进退的礼节——这让孟母看到了真正的希望。

另外一个故事说，孟子小时候看见邻居家杀猪，就问他的母亲："邻家杀猪干什么？"孟母随口答道："想给你吃。"孟母马上就后悔说了这句话。她自己对自己说："吾怀妊是子，席不正不坐；割不正不食，胎教之也。今适有知而欺之，是教之不信也。"② 于是买了邻居家的猪肉给孟子吃，证明她没有欺骗。

孟子长大后受业于子思的学生，并因此加入了伟大的儒家学派。但在一开始的时候，他并不是特别勤奋的学生。有一天，他在背诵诗文的中途停了下来，此时他的母亲正在一旁纺织，突然拿起刀子割断了她的织物。孟子很惊讶，就问原因。母亲说："子之废学，若我断斯织也。"③ 因为两者都属于半途而废。这个告诫深深地影响了孟子一生，使他成为最勤奋的学生——后来成为有大学问的学者。

关于孟子的婚姻，我们所知甚少，只知道一个有趣但不太可能的故事。故事说孟子有一次准备休妻，因为他发现妻子半裸着待在自己的闺

---

① 刘向：《列女传》，四库备要版，第一卷，《母仪传》，《邹孟轲母》，第10页。
② 韩婴：《韩诗外传》，四库备要版，卷九，第76页。
③ 同①。也可参见②。

房中。他声称这是严重的失礼，所以准备和妻子离婚。但孟母挽回了局势，她把孟子叫到面前训斥说："《礼》不云乎？将入门，问孰存。将上堂，声必扬。将入户，视必下。不掩人不备也。今汝往燕私之处，入户不有声，令人踞而视之，是汝之无礼也，非妇无礼。"[1] 孝顺的孟子承认了自己的错误，不敢再提休妻之事了。

"强为善而已矣"

除了这些零散的故事，我们对孟子早年的生活一无所知。这很可能是一个准备期，孟子在此期间认真学习和研究了儒家经典。等孟子到了40岁的时候，他作为一名杰出的学者脱颖而出，拥有了一大批忠实的追随者。在随后的二十年或更长的时间里，孟子的公共生活非常活跃。他游历了鲁国、魏国（魏国中后期定都于大梁，故也称梁国），滕国、宋国和齐国，其中在齐国待的时间最长。由于他声名远播，每到一个国家，都受到了该国国君的礼遇，包括给予他热情的款待，给他提供舒适的住房，赠予他优厚的报酬。有时候为了表示对他的尊重，国君们还会送给他黄金之类的厚礼。国君们也经常向他请教治国之道，有一两次甚至采用了他的建议。作为国君们的顾问，孟子的出行相当气派——这或许会使孔子相形见绌——常常是"后车数十乘，从者数百人"。当孟子的母亲去世的时候，他举行了盛大的葬礼，这在鲁国引起了轰动，同时也遭到了各方面的批评。

在孟子交往过的国君之中，以滕文公最为忠实。滕国是方圆几十

---

① 刘向：《列女传》，四库备要版，第一卷，《母仪传》，《邹孟轲母》，第 11 页。

里的小国，靠近孟子的出生地邹国。当滕文公还是储君的时候，就专程来拜访过孟子，此时他对孟子已经是慕名已久了。他们的会面就像预期的那样富有成效。孟子大谈人性本善的道理，高度赞扬古代的圣王，坚持道的唯一性。尤其让他印象深刻的是孟子确信，虽然滕国是一个小国，但在圣君的治理下依然能成为伟大的国家。所以在滕定公去世、滕文公继位后不久，就派自己的老师然友前往孟子那里请教办理丧事的方式。

当滕文公的使者来到邹国向孟子请教的时候，孟子说："不亦善乎！亲丧，固所自尽也。"① 随后，他引用曾参关于葬礼的言论，建议滕文公继位以后的第一件事就是穿粗制衣服，吃粗茶淡饭，为父亲守孝三年。当使者带着这个建议回到滕文公那里的时候，这个新国君很难让他的臣民相信这是明智之举。因此，然友再次前往孟子那里请教。然而，孟子依然坚持认为他的建议非常合理，只是这一次引用孔子的话作为权威论据。孔子曾经说过，贤明之人的行为如果是风，那么普通小民的行为就是草，风从草上吹过，草就随风而倒。因此，孟子总结说，这件事完全取决于滕文公自己。当然友带着这些话再次回到滕文公那里的时候，滕文公被说服了。整整五个月，他住在简陋的丧屋里守孝，没有签署任何政令，也没有接见任何人。他作为孝子的名声因此广泛传播。当按照习俗最终埋葬的时候，人们从四面八方赶来观礼；他们看到滕文公"颜色之戚，哭泣之哀"，② 都感到了莫大的欣慰。借助于滕文公，孟子在执礼方面取得了胜利；但滕国并没有如孟子所许诺的那样强大起来。

几年以后，孟子作为国君尊贵的客人访问了滕国。滕文公依然恳切地向他请教治国之道。作为夹在强大的楚国和齐国之间的小国，滕国艰

---

① 《孟子·滕文公上》。
② 同上。

难地守护着自己的领土不被虎视眈眈的邻国所侵占。在这样的形势下，孟子的那些长远谋划似乎难以解决滕国的燃眉之急。例如，当滕文公听说齐国在滕国边境加固防御工事时非常惊恐，茫然不知所措。可惜孟子也是如此，他只会含糊地劝告滕文公："苟为善，后世子孙必有王者矣。君子创业垂统，为可继也。若夫成功，则天也。君如彼何哉？强为善而已矣。"①

利 与 义

孟子与其他国君的交往就不像他与滕文公那样愉快了。从他第一次与梁惠王会面，就可以明显看出他与国君之间的不融洽。年老的梁惠王在长期的统治过程中目睹了魏国的起起落落，此时的他正遭受着其他国家的欺侮，包括领土的丧失和长子死于战场，所以他很自然地热衷于强权政治。他最急迫的是想增强魏国的军事实力，以此来报仇雪恨。所以在他问候过这位来自邹国的著名学者之后，就迫不及待地问孟子有没有什么建议可以有利于他的国家。但很快遭到了孟子的回绝，因为他不喜欢谈论利益这样的话题，所以他反问道："王！何必曰利？"在孟子看来，如果国君只关心他国家的利益，大臣就会只关心他家族的利益，下层官吏和普通百姓就会只关心他们个人的利益，如果全国上下都追逐自己的利益，那么整个国家就会处于危险之中。他因此说："王亦曰仁义而已矣，何必曰利？"②

从上面的谈话可以看出，作为儒学拥护者的孟子与作为封建领主的

---

① 《孟子·梁惠王下》。
② 同上。

梁惠王在观念上存在着巨大的分歧，后者更关切的是能够迅速产生实际效果的措施，而不是宏大的道德政治理想。所以当梁惠王抱怨说，他已经对这个国家费尽心力但百姓数量仍未能多于邻国时，孟子举了一个他所熟悉的战场上的例子来开导他。"填然鼓之，兵刃既接，弃甲曳兵而走。或百步而后止，或五十步而后止。以五十步笑百步，则何如？"

"不可"，梁惠王答道，"直不百步耳，是亦走也。"

"王如知此"，孟子说，"则无望民之多于邻国也。"①

在另外一次谈话中，孟子直截了当地批评了梁惠王。在梁惠王表示愿意冷静地接受孟子的教诲后，孟子问道："杀人以梃与刃，有以异乎？"

王说："无以异也。"

孟子说："以刃与政，有以异乎？"

王说："无以异也。"

孟子接着说："庖有肥肉，厩有肥马，民有饥色，野有饿莩，此率兽而食人也。兽相食，且人恶之；为民父母，行政，不免于率兽而食人，恶在其为民父母也。"②

在孟子与梁惠王见面后的一年左右，梁惠王去世，他的儿子梁襄王继位。梁襄王留给孟子的印象更差。在他第一次见过梁襄王后，孟子向他的朋友讲述了他对新国君的看法："望之不似人君，就之而不见所畏焉。"③事实上，孟子对新国君是如此地厌恶，以致他很快就离开了魏国。

---

① 《孟子·梁惠王下》。

② 同上。

③ 同上。

儒学简史

稷　下

　　孟子在齐宣王统治下的齐国度过了更为重要的政治生涯。齐宣王喜欢文学游说之士。一大批著名的士人闻声而来，齐宣王赐予他们府宅，把他们安顿在都城临淄的西门，也就是稷门附近。他给予他们优厚的奉养和荣誉的称号，却不要求他们承担具体的事务。他们所需要做的只是为国君提供政策建议，讨论学术思想以及著书立说。通过这种方式，齐国成为战国时代最重要的学术中心，吸引了大批著名的学者和哲学家。

　　孟子两次来到齐国，都受到了齐王的热情款待。然而，与稷下那些不担任具体职务的学者不同，孟子曾经在齐国的朝廷里任职。① 我们无法确知孟子的政治才能，只知道他在齐国担任要职，很可能是客卿。滕文公去世后，他受齐王的派遣作为主使前往滕国吊唁，副使则是齐王的宠臣王驩。有时候，齐王会向他咨询重大的国家事务，比如齐国与燕国的战争。总之，他在齐国的任职似乎是非常体面的，他本人也是非常尽职的。

　　在孟子与齐宣王的多次会谈中，孟子试图说服齐宣王，尽管他有喜欢美色、钱财、狩猎、音乐、园林以及宫殿之类的嗜好，但如果能够与民同乐，仍然能够实行王政统一天下。他还机智地奉承齐宣王对动物富有仁爱之心，但希望他把这种仁爱之心延伸到百姓身上。在所有这些谈话中，孟子显示出高超的论辩艺术，他知道如何调动齐王的良好情绪，以使他易于接受自己严肃的建议。但在有一次谈话时，孟子直奔主题。他问齐宣王："王之臣有托其妻子于其友而之楚游者，比其反也，则冻

---

　　① 按照《孟子·公孙丑下》的说法，孟子曾经在齐国担任客卿。（理雅格在《中国经典》中翻译为"高官"（high dignitary），第 95 页。）

馁其妻子，则如之何?"

王曰:"弃之。"

曰:"士师不能治士，则如之何?"

王曰:"已之。"

曰:"四境之内不治，则如之何?"

王顾左右而言他。①

一个非常有趣的故事显示了孟子与齐宣王之间的礼貌关系。故事是这样的：有一天，孟子准备去朝见齐王，突然接到齐王的口谕，说他因为感冒今天不能来见孟子了，希望孟子第二天早晨上朝去见他。孟子对齐王的不真诚非常生气，就回话说，他也生病了，第二天早晨不能去见齐王了。然而，到了第二天，孟子正常出门去朋友家吊丧。孟子刚走，齐王就派使者带着医生前来询问病情。这使得孟子的侄子，留在家中负责接待的孟仲子非常尴尬。为了替孟子圆谎，他告诉使者说，孟子今天病好一点了，已经赶赴朝廷去了。与此同时，他派了几个人去路上拦截孟子，请求他无论如何也要去见一下齐王。孟子收到消息后，依然镇定自若，留在朋友家过了夜。

在齐国待了几年之后，孟子最终决定离开齐国。当齐宣王获知他的意图后，亲自前来看他，不久又派遣大臣来挽留他。然而，孟子无动于衷。他甚至拒绝与齐王的另外一位使臣谈话，后者在孟子离开都城后的第一个晚上才追上孟子，苦口婆心地劝说孟子，但孟子只是"隐几而卧"，不予理睬。然而，尽管孟子去意已决，但他内心仍然对这个最能施展抱负的国家充满留恋。所以他在齐国的边境城市滞留了三晚，徒劳地希望齐王能再次派遣使者把他召回。但使者始终没有来，孟子只好离开齐国，回到家乡。

---

① 《孟子·梁惠王下》。

　　孟子的生平在许多方面可以与孔子作比较。像他的前辈一样，孟子一生的大部分时间都在寻找能够实践自己主张的圣君；但像他的前辈一样，他未能找到这样的明君，所以晚年不得不致力于教育和著述。然而，孟子有一个方面比孔子幸运，那就是他的个人生活比较舒适，他也没像孔子那样在旅途中遭遇危险和困境。但在另外一方面，孟子缺乏像孔子那样实践自己主张的机会。孟子更多的是一个学者，而不是政治家，尽管他对治国之道能言善辩，但并没有显示出治国之才；而他伟大的前辈，当初在鲁国执政和进行外交活动的时候，充分展示了这种才能。

　　孟子的最后二十年在邹国平静地度过。他继续教授弟子，著书立说。他为后世留下了七篇文章，都是他与国君、大臣、朋友以及弟子的谈话。这些由他的弟子记录下来的篇章充满了机智、智慧和雄辩。《孟子》被列入儒家学派的"四书"之一，另外三本书分别为《论语》《大学》和《中庸》。与这些书相比，《孟子》的独特优势在于内容风趣，富于辞采。

孟子并非好辩

　　正如前面所提到的，孟子生活在百家争鸣的时代。除了向国君建言献策，他还必须为自己的教义辩护，以此来对抗当时在士阶层中流行的竞争性学说。他对异端思想的盛行非常担心，决心站出来捍卫孔子的学说。他的这种态度在他与弟子的问答中可以明显地看出。弟子问："外人皆称夫子好辩，敢问何也？"

　　孟子答道："予岂好辩哉？予不得已也。"①

---

　　① 《孟子·滕文公下》。

是的，除了与中国思想界各种泛滥的思潮作不断地斗争，孟子还能做什么呢？

孟子尤其抨击了杨朱和墨子。尽管这两人的学说相互之间完全对立，但同时也都与儒学针锋相对，更为重要的是，他们的学说同样盛行于世。所以对孟子这位儒家学说的捍卫者来说，他们都是儒家最危险的敌人。在孟子看来，无论是"拔一毛而利天下，不为也"的杨朱，还是"摩顶放踵利天下，为之"的墨子，都是未能恪守中庸之道的极端分子，因此都有损于真正的道。孟子宣称："杨墨之道不息，孔子之道不著，是邪说诬民，充塞仁义也。仁义充塞，则率兽食人，人将相食。"①

因此，针对杨墨的邪说，孟子希望继承圣人的事业。他的目标和孔子一样，都是要端正人心，使人们不要偏离正道。孟子反复重申："岂好辩哉？予不得已也。能言距杨墨者，圣人之徒也。"②

然而，孟子与杨墨的信徒似乎并没有什么直接的接触。唯一的记载是孟子曾经批评过一个名叫夷子的墨者。夷子仰慕孟子的大名，希望求见孟子。孟子拒绝了他的要求，但同意通过中间人与他对话，这个中间人是孟子的弟子。当听说夷子主张爱无差等时，孟子指责他否定了人对父母乃至亲属的特殊感情。他反问道："夫夷子信以为人之亲其兄之子，为若亲其邻之赤子乎？③

孟子认为，墨子完全否定了最亲密的家庭关系，因而是"无父"；杨朱主张自私自利，因而是"无君"。他按照自己的逻辑得出结论说："无父无君，是禽兽也。"④

① 《孟子·滕文公下》。
② 同上。
③ 《孟子·滕文公上》。
④ 同①。

隐士与鹅

对于由隐士和农学家组成的道家学派，孟子的批评同样非常尖锐。这种态度在他嘲笑陈仲时可以明显地看出。陈仲是一个苦行者，生活极其贫困。尽管他出身于宗族世家，他的哥哥身居高位，食禄万钟，但陈仲却选择了道家的隐士生活。孟子说，有一天，陈仲来到哥哥家中，被鹅的呃呃叫声吵得很不耐烦。他皱着眉头抱怨道："恶用是鶃鶃者为哉？"过了几天，在陈仲不知情的情况下，他的母亲把那只鹅杀了给陈仲吃。此时他的哥哥恰好从外面回来，看见公开声称自己是素食主义者的陈仲正在津津有味地享用着鹅肉，就不怀好意地对他说："是鶃鶃之肉也。"这让陈仲这个忠实的素食者感到非常地恶心，以至于把刚才吃得津津有味的鹅肉全部吐了出来。孟子充满讽刺地评论道："充仲子之操，则蚓而后可者也。夫蚓，上食槁壤，下饮黄泉。"①

许行的烦恼

孟子抨击的另外一个对象是一群南方的哲学家。他们信奉回归简单的生活可以医治封建文明的衰败。他们声称从传说中的神农大帝那里得

---

① 《孟子·滕文公下》。

到启发，① 在农村就以务农为生，在城市就以编织草席和草鞋为生。这群人的领袖名叫许行，他们也来到了滕国。此时孟子恰好居住在滕文公为他提供的豪华住所中。有一天，许行的一个新信徒来见孟子，在谈话的过程中向孟子转述了许行对滕文公的批评。他说："滕君则诚贤君也；虽然，未闻道也。贤者与民并耕而食，饔飧而治。今也滕有仓廪府库，则是厉民而以自养也，恶得贤？"

孟子问："许子必种粟而后食乎？"

答："然。"

"许子必织布而后衣乎？"

答："否。许子衣褐。"

"许子冠乎？"

答："冠。"

问："奚冠？"

答："冠素。"

问："自织之与？"

答："否，以粟易之。"

问："许子奚为不自织？"

答："害于耕。"

问："许子以釜甑爨，以铁耕乎？"

答："然。"

"自为之与？"

答："否；以粟易之。"

问："以粟易械器者，不为厉陶冶；陶冶亦以其械器易粟者，岂为

---

① 神农是传说中远古时代的部落首领，他被认为第一次教会中国人如何用犁耕种土地——所以他被称为神农。他的后代被中华民族的始祖黄帝所征服。

厉农夫哉？且许子何不为陶冶，舍皆取诸其宫中而用之？何为纷纷然与百工交易？何许子之不惮烦？"

答："百工之事固不可耕且为也。"

"然则治天下独可耕且为与？有大人之事，有小人之事。且一人之身，而百工之所为备，如必自为而后用之，是率天下而路也。故曰："或劳心，或劳力；劳心者治人，劳力者治于人；治于人者食人，治人者食于人，天下之通义也。"①

正如我们所看到的，这恰恰也是封建制度的基本原理，孔子和孟子的学说正是建立在这个基础之上。

嫂溺，援之以手

在所有这些论战中，孟子作为百家争鸣中的辩论高手，几乎总是以胜利而告终。他以自己的雄辩和机敏要么使对手哑口无言，要么使对手心悦诚服。只有一次他陷入了辩论的陷阱，差一点无法全身而退。那一次是他与当时著名的诡辩家淳于髡密谈，《孟子》书中记录了他们的谈话：

淳于髡问："男女授受不亲，礼与？"

孟子答："礼也。"

问："嫂溺，则援之以手乎？"

答："嫂溺不援，是豺狼也。男女授受不亲，礼也；嫂溺，援之以手者，权也。"

———

① 《孟子·滕文公上》。

这是一个机智的答复。但淳于髡抓住了孟子的逻辑继续追问道："今天下溺矣，夫子之不援，何也?"

孟子非常狼狈，只能含糊其辞地答道："天下溺，援之以道；嫂溺，援之以手——子欲手援天下乎?"①

———————————

① 《孟子·离娄上》。

第五章

一个民主思想家的思想

人性本善

　　作为战国时代最杰出的学者之一，孟子和孔子一样，都是不屈不挠的道德政治导师。他继曾参和子思之后成为包罗万象的儒家学派的领袖，为后世留下了较为丰富的政治伦理学说。在他与国君和平民的大量对话中，他对这些学说进行了详细的阐释。他的人性论和政治经济理论尤为出名，充分显示了他的远见卓识。与此同时，他也是儒家学派中第一个强调民生的重要性的哲学家，并把它视为政府的首要职责。看到生活在乱世中的人民遭受着数不尽的苦难，孟子深深地感受到人类所有的努力，应该致力于创造一个像"大同"这样的理想国，在那里，人们可以幸福和谐地生活在一起。然而，遵循着儒家学派的伟大传统，孟子也坚持认为好的政府离不开好的治理，因而有必要加强统治阶级的道德修养。因此，伦理学也成为孟子学说的基石。但他比他的前辈在寻找伦理思想的心理学基础上推进了一步，因而高兴地发现人性本善。这是他对中国思想发展的首要贡献。

　　在我们讨论孟子的思想之前，有必要先作一些说明。首先必须指出，在战国时代这种思想极其活跃的时代，人们普遍开始探索大自然的奥秘，并把阴阳的相互作用作为大自然运行的基本法则。与此同时，人们对自身的微观世界也充满了好奇。因此，当时流行的主要问题是：人的本性究竟是怎样的？它是善的吗？如果是的话，那么人的善是上天在人出生时赋予的吗？还是人性本来就是恶的呢？

　　为了回答这些问题，涌现出很多的理论。例如，曾经多次与孟子辩论的告子认为，人性不分善与不善；而另外一个学派坚持认为，人性的善恶取决于环境。还有一个学派认为，有些人的本性是善的，而其他人

的本性是恶的。为了支持这个观点，他们还列举了几个历史人物为证，例如圣君舜有一个邪恶的父亲，商纣王有一个圣人般的叔父比干。

与所有这些观点相反，孟子坚持认为人性是善的。他说："乃若其情，则可以为善矣，乃所谓善也。"① 换句话说，人性善是因为人有善的资质，所以能够行善。至于有些人不善，不能归罪于他的资质。正如格言所说，"求则得之，舍则失之"。②

为了进一步说明孟子的这个观点，我们可以引述他与告子的相关辩论。

告子说："性犹湍水也，决诸东方则东流，决诸西方则西流。人性之无分于善不善也，犹水之无分于东西也。"

孟子答道："水信无分于东西，无分于上下乎？人性之善也，犹水之就下也。人无有不善，水无有不下。今夫水，搏而跃之，可使过颡；激而行之，可使在山。是岂水之性哉？其势则然也。人之可使为不善，其性亦犹是也。"③

此外，孟子认为人性不能与天生的属性混为一谈。天生的属性只是使人成为充满欲望和激情的动物，而人性能把人提升至智慧和道德这些更高的境界。

在另外一场辩论中，告子坚持认为"生之谓性"。孟子问他："生之谓性也，犹白之谓白与？"

曰："然。"

"白羽之白也，犹白雪之白；白雪之白，犹白玉之白与？"

曰："然。"

孟子带着胜利者的口吻说："然则犬之性，犹牛之性，牛之性犹人之性与？"④

① 《孟子·告子上》。
② 同上。
③ 同上。
④ 同上。

原始森林的寓言

在一则有趣的寓言中，孟子把人性的沦丧与原始森林的破坏作了比较。他说：

"牛山之木尝美矣，以其郊于大国也，① 斧斤伐之，可以为美乎？是其日夜之所息，雨露之所润，非无萌蘖之生焉，牛羊又从而牧之，是以若彼濯濯也。人见其濯濯也，以为未尝有材焉，此岂山之性也哉？"

"虽存乎人者，岂无仁义之心哉？其所以放其良心者，亦犹斧斤之于木也，旦旦而伐之，可以为美乎？其日夜之所息，平旦之气，其好恶与人相近也者几希，则其旦昼之所为，有梏亡之矣。梏之反覆，则其夜气不足以存；夜气不足以存，则其违禽兽不远矣。人见其禽兽也，而以为未尝有才焉者，是岂人之情也哉？故：

苟得其养，无物不长；

苟失其养，无物不消。

孔子曰：'操则存，舍则亡；出入无时，莫知其乡。'惟心之谓与？"②

从上面的文章可以清楚地看到孟子的主要观点是：人的本性是善的，但由于人自身的不努力或者外界环境的影响，人性也会变得隐而不彰。因此，人性是发展还是枯萎，在很大程度上取决于它是否得到滋养。换句话说，人应该时刻保持内心固有的善良；然而，如果随着时光流逝人松懈下来，或者不能好好地关照它，那么就很容易失去它。

---

① 牛山位于齐国都城临淄东南郊外。
② 《孟子·告子上》。

人之四端

人面临的主要问题因而变成如何保持和涵养这些与生俱来的善性。在孟子看来，这些善性包括恻隐之心、羞恶之心、恭敬之心（或辞让之心）和是非之心。作为人的天性，这些善性是所有人都有的。以恻隐之心为例，当人看到小孩将要掉到井里去时，恻隐之心就会被唤起。这种反应是自然而然的，并不是因为人对小孩的哭喊声感到厌恶，也不是因为希望赢得小孩父母的感恩或者邻居的称赞，而是因为"人皆有不忍人之心"。① 人正是依靠这种同情心，以及上面提到的其他善性，与其他动物区分开来。

因此，为了与鸟兽区别开来，人应该致力于发展自己的善性，进而培养自己的美德。总的来说，这并不困难，因为人不仅具有低等动物所没有的很多优势，而且拥有追求至善的能力。事实上，每个人都有成为圣人的潜质，因为每个人的天性从根本上说都是一样的，所以孟子断言："圣人，与我同类者。"事实上，如果我们按照圣人的行为方式处世，人人都能成为尧舜这样的圣人。"子服尧之服，诵尧之言，行尧之行"，孟子说，"是尧而已矣"。②

因此，如果我们中的大多数人不能成为尧舜这样的圣人，那只能怪我们自己。问题不在于我们的命运，而是因为我们没有充分地扩充这些善良的天性，没有把它们扩充成为仁、义、礼、智四种美德。说得具体一点，恻隐之心，仁之端也；羞恶之心，义之端也；辞让之心，礼之端也；是非

---

① 《孟子·公孙丑上》。
② 《孟子·告子下》。

之心，智之端也。孟子评论说："人之有是四端也，犹其有四体也。"①

必须注意的是，这些美德并不是外界灌输给我们的，而是我们本来就有的。作为人固有的天性，它们会在我们的行为举止中表现出来，如果予以正确地培育，它们会在我们的心中开花结果。例如，它们表现在人身上时，"其生色也睟然，见于面，盎于背，施于四体，四体不言而喻"。②

尽管这四种美德经常相提并论，但它们在孟子的道德天平中的分量是不同的。除了涉及知识和教育，他很少谈到智。至于礼，曾经是孔子的学校里学习的主要科目，但孟子让它从属于仁和义这两种最重要的品德。孟子把仁等同于"人心"，并把它视为人性的核心，而把义视为仁的外在体现。他说："仁，人心也；义，人路也。舍其路而弗由，放其心而不知求，哀哉!"③

齐国的无耻之徒

在孟子看来，人如果不能走仁义这条正路，就会丧失固有的善良之心。人之所以不走正路，要么是受不良环境的影响，要么是受私欲的蒙蔽。因此人会变得无耻和堕落，会以不诚实的手段寻求欲望的满足。孟子讲了一个齐国的无耻之徒的故事，以此来说明人是如何腐化和变得无耻的。故事如下：

齐国有个人和一妻一妾共同生活在一个小城市里。每天一大早，这个人就独自出门；到了晚上，他就带着满身酒气回到家中。妻子问他和

---

① 《孟子·公孙丑上》。
② 《孟子·尽心上》。
③ 《孟子·告子上》。

谁在一起吃饭喝酒，他说都是有钱有势的人。妻子从来没见过显贵人物到家里来看他，所以开始怀疑并决心对他进行侦查。于是，第二天一大早，妻子偷偷地跟着丈夫出门。走遍整个城市，妻子都没看到有谁停下来与他交谈，所以她的疑心越来越重。最后，丈夫走到东郊外的墓地，向那些扫墓的人乞讨些残菜剩饭。不够的话，再到别的扫墓人那里去乞讨。这就是他每天酒醉饭饱的办法。你可以想象当妻子看到这一幕时是如何地恶心。妻子忍无可忍地回到家中，把看到的一切都告诉了妾。她们为自己的丈夫感到耻辱，于是两人一起在院子里大骂，哭成一团。而丈夫却一点也不知道，高高兴兴地从外面回来，继续在妻妾面前耍威风。

所以孟子得出结论说："由君子观之，则人之所以求富贵利达者，其妻妾不羞也，而不相泣者，几希矣！"①

赤子之心

鉴于上述齐国人的例子，我们应该问自己：如何才能保持我们固有的善性？为了回答这个问题，我们可以引用孟子的名言——"大人者，不失其赤子之心者也"。② 也就是说，婴儿的心天真纯朴，象征着我们的天性，我们应该紧紧地把握住。然而，生活中具有讽刺意味的是，如果我们养的狗和鸡走失了，我们会尽力把它们找回来；但如果我们的善性丢失了，却很少有人想去把它们找回来。鉴于这种疏忽与无知，孟子为我们提供了保持善性的方法。

首先，人必须立志行善。例如，仁这种高尚的品德需要持续、谨慎

---

① 《孟子·离娄下》。

② 同上。

地培养。就像上面所说的，仁的种子就在每个人的心中，但如果缺乏持续的滋养它就无法生长。就像五谷一样，仁的生长也需要极其细心地照料：它需要浇水，晒太阳，施肥，直至成熟。所以孟子说："五谷者，种之美者也；苟为不熟，不如荑稗。夫仁，亦在乎熟之而已矣。"①

因此，教育的主要功能，是促进人那些固有善性的发展。为了达到这个目的，我们必须非常地细心和耐心，因为就像谷物不是一天长大、而是慢慢成熟那样，天性的发展也是如此。过度地加快这个过程就如同粗心大意那样同样有害。孟子在下面的这则寓言中指出了拔苗助长的危害。

宋国有个人在巡视他的田地时感到很难过，因为他种下的禾苗没有他想象得那么高。于是他想办法把禾苗往上拔高一些。等他带着一身疲倦回到家中，就对家人说："今日病矣！予助苗长矣！"② 他的儿子听说后急忙跑到田里去看，发现禾苗全都枯萎了。

讲完这个故事后，孟子教导说："天下之不助苗长者寡矣！以为无益而舍之者，不耘苗者也；助之长者，揠苗者也；非徒无益，而又害之。"③

在培养人的善性的过程中，另外一个重要因素是环境。一个好的环境有助于善性的生长，一个坏的环境则反之。为了形象地说明种子的生长过程，我们可以引用孟子的另外一段论述：今夫麰麦，播种而耰之，其地同，树之时又同，浡然而生，至于日至之时，皆熟矣。虽有不同，则地有肥硗，雨露之养、人事之不齐也。④ 出于同样的原因，我们发现"富岁，子弟多赖；凶岁，子弟多暴"。这并不是因为他们天生的资质会随着时间而改变，而是因为环境的变化使他们变成那样。

环境会影响人性的生长，孟子对此似乎特别敏感。事实上，这并不

---

① 《孟子·告子上》。
② 《孟子·公孙丑上》。
③ 同上。
④ 同①。

奇怪，我们可以回忆一下孟子的母亲在养育孟子时是多么地尽心，她为了给孟子提供尽可能好的成长环境三次搬家。此外，孔子也曾经说过："里仁为美。择不处仁，焉得智？"①

正是在这一点上，孟子控诉说，他所交往过的国君大多数都是不明智的，因此他们甘于被奸邪小人所包围。这就像某种植物那样，虽然它的生命力很强，但如果把它放在太阳下晒一天，又把它放在阴寒的地方冻十天，那么它肯定无法活下去；国君也是如此，如果成天被奸臣所包围，那么偶尔的智慧之言对他们也不会有多大的帮助。孟子曾经非常不满地评论说："吾见亦罕矣，吾退而寒之者至矣，吾如有萌焉何哉？"②

从这里可以看出，孟子相信如果君主的周围都是贤人，他们就会影响君主去行善。为了说明这个观点，他讲了一个学习外语的故事。这个故事在我们看来是如此地真切，以至于直到今天仍然真实可信。为了理解这个故事，我们首先必须指出，战国时代的中国被划分为许多国家，各国人民的方言彼此间很不相同。因此，像齐人这样的北方人很难听懂楚人这样的南方人所说的话，反之亦然。

孟子说，假如有一个楚国官员在齐国，想让他的儿子学说齐国话，那么应该请齐国人教他呢，还是请楚国人教他呢？当然应该是前者。但如果只是一个齐国人教他，而他所有的楚国同胞整天和他说楚国话，那么就算他的父亲天天用鞭子督促他，想让他学好齐国话也是很困难的。但如果让他在齐国的街巷之间单独住上几年，而不接触他的楚国同胞，那他肯定会说齐国话了，那时就算他的父亲天天鞭打他，也无法让他忘掉齐国话了。

当然，这个故事的寓意在于，如果君主的周围都是正直的大臣，那么君主一定向善。反之，如果君主的周围都是奸臣，那么君主保持善良本性的可能性就比较小。

---

① 《论语·里仁》。
② 《孟子·告子上》。

诸侯的三宝

这个关于君主与他的大臣的讨论把我们引向了善政的问题，也就是孟子所谓的"仁政"的问题。尽管孟子的仁政思想来源于孔子，但他在阐释孔子政治思想的过程中加入了一些自己的全新理念。首先，孟子对待周王室的态度与孔子不同。由于孟子比孔子晚150年左右，此时封建社会的结构已经基本解体，所以孟子对苟延残喘的周王室不再怀有敬意或忠诚。相反，他称道能够实行"王道"的战国七雄，甚至更小的国家。"王道"是孟子特别喜欢的一个术语，它的意思是统治者按照孟子设定的善政原则施政。尽管孔子曾经天真地梦想恢复周王室的权威，但孟子无疑没有这种渴望。

此外，时代呼唤出现一个新的王者来结束分裂、实现统一。正如孟子所说，"王者之不作，未有疏于此时者也；民之憔悴于虐政，未有甚于此时者也。饥者易为食，渴者易为饮。孔子曰：'德之流行，速于置邮而传命。'当今之时，万乘之国行仁政，民之悦之，犹解倒悬也。故事半古之人，功必倍之，惟此时为然"。① 事实上，对于怀有仁心、施行仁政的诸侯来说，统一天下易如反掌。

作为一个伟大的政治哲学家，孟子在施政的原则上比孔子更加明确和先进。就像前面所提到的，他非常关心通过各种改革来改善人民的生活，这些改革包括土地所有制、减轻税赋以及我们可以称之为养老金的补助措施。生活在一个充满苦难的时代，孟子对人民的悲惨遭遇感同身受。所以

① 《孟子·公孙丑上》。

他设想的政府首先要解决经济问题，关键在于改善人民的生活条件。

　　顺着这个思路，孟子提出了施行善政、改善民生的途径。首先，要尊重有道德的人，任用有才能的人；其次，要减轻易销货物的税负；第三，要废除关卡的税费，便于旅客通行；第四，要恢复井田制，① 不再对农民征税；第五，要豁免商人的各种捐助和罚金。

　　我们可以很容易地看出，所有这些措施，除了第一条，都是为了减轻农民和商人沉重的税负，由此把他们从绝境中拯救出来。出于同样的理由，孟子提倡君主的花园和猎场要尽可能地缩小，征用劳役时要"不违农时"，残酷的刑罚要全部废除，等等。孟子相信，如果这些改革能够成功地实施，那么君主不仅能使本国人民感到满意，还能吸引邻近国家的人民，使他们"仰之若父母矣"。② 孟子认为，土地、人民和政事是诸侯的三宝。拥有众多的人口，国家就会变得富强。随之而来的，它的国君就能以王道无敌于天下，这难道不是战国时代的君主梦寐以求的吗？

　　在另外一个著名的篇章中，孟子生动而详尽地阐述了他的施政建议，包括对老年人的公共保障制度和对年轻人的道德教育制度。他最关切的是农民的生活，因为农民构成了国家人口的主体。他对梁惠王提出如下的建议："不违农时，谷不可胜食也；数罟不入洿池，鱼鳖不可胜食也；斧斤以时入山林，材木不可胜用也。谷与鱼鳖不可胜食，材木不可胜用，是使民养生丧死无憾也。养生丧死无憾，王道之始也。"

　　"五亩之宅，树之以桑，五十者可以衣帛矣。鸡豚狗彘之畜，无失其时，七十者可以食肉矣。百亩之田，勿夺其时，数口之家可以无饥

---

　　① "井田"制是传说中封建时代的土地制度。它把耕地划分为九个方块，每个方块约100亩（一亩相当于六分之一英亩），形状像汉字"井"，所以称为井田。外面的八块耕地分给八户农民家庭耕种，每户家庭拥有100亩土地。这是他们的私田，他们以此养家糊口。同时，这八户农民共同耕种中间的那块公田，其产出归世袭的封邑贵族所有。
　　② 《孟子·公孙丑上》。

矣；谨庠序之教，申之以孝悌之义，颁白者不负戴于道路矣。七十者衣帛食肉，黎民不饥不寒，然而不王者，未之有也。"①

　　然而，孟子所处的时代真实的情况又是怎样的呢？他用生动而大胆的言语指责梁惠王造成了人民的悲惨处境："狗彘食人食而不知检，涂有饿莩而不知发；人死，则曰：'非我也，岁也。'是何异于刺人而杀之，曰'非我也，兵也。'王无罪岁，斯天下之民至焉。"②

天　命

　　孟子是封建社会的民主主义者，事实上，他在政治思想上几乎是一个激进主义者。因此，他为人民的福祉呐喊，提倡人民至上的理念。特别令人惊异的是，他宣称："民为贵，社稷次之，君为轻。"③

　　这个非同寻常的言论，肯定让孟子同时代的正统人士听来犹如五雷轰顶；即使对几千年以后的我们来说，依然非常现代。它完全脱离了孔子的政治信条，因为孔子认为，君主应该是具有无上权威的人民的主人，而这种信条在当时得到了普遍的应用。当然，孔子也承认人民对统治者的信任也是执政过程中非常重要的因素，但他没有像孟子那么激进，以至于宣称平民大众，大多数甚至是农奴，应该比皇亲国戚更加尊贵。尽管孟子追随着他的伟大前辈的足迹，但他似乎迅速超越了战国时代正在快速衰微的封建思想。

　　然而，这并不意味着孟子是全盘否定传统的革命者。相反，他强烈

---

① 《孟子·梁惠王上》。
② 同上。
③ 《孟子·尽心下》。

地感到必须为他的民主主义思想找到某种权威的基石。他在《尚书》中找到了它，即书中所谓的"天命"。这是周朝的政治信条，也是孔子本人认可的信条。从本源上说，这个概念可以追溯到中国古人对天的信仰，他们认为天统治着一切。但因为天无法直接管理无数的生物，尤其是人，所以他委派一个个的君主作为他的代理人来统治人间。这些君主有一个形象的称呼，叫做天子。但如果这些君主的后代因为变得邪恶和残暴而无法完成自己的使命，那么天就会将他的授命转移到另外一个以美德著称的家族，从而使他们成为新的君主。正是按照这种方式，周王室取代了商王室。

天命是一个多么具有启示性的词汇啊！古书上说："天视自我民视，天听自我民听。"[1] 天作为最高的神虽然不说话，但他的旨意能够在历史发展趋势和人的行为方式中明显看出来。而且，天对君主是否满意都有明显的迹象——它体现在人民的意志之中。以古代圣王舜为例，尽管他出身卑微，但因为人民希望他成为王，所以他就成为君王。当舜被人民认可的时候，也就是得到了天的认可。因此，人民的意志是天的意志在人间的真实体现。

作为上述言论的逻辑结论，孟子宣称，统治的正当性取决于被统治者的满意程度；如果一个统治者失去了人民的信任，他也就失去了天命。孟子在与齐宣王的一次对话中，清晰地表达了这个观点。他告诉齐宣王，如果一个君主践踏仁义，抛弃道义上的责任，他同时也就失去了天赐予他的君权。在这种情况下，人民有权去推翻任何一个他们所厌恶的君主。因此，当说起商朝的最后一个君主商纣王时，孟子评论说："贼仁者谓之贼，贼义者谓之残，残贼之人谓之一夫。闻诛一夫纣矣，未闻弑君也。"[2]

---

① 《尚书·泰誓》。
② 《孟子·梁惠王下》。

事实上，孟子不再把暴君视为君主，他认为不仅人民有权推翻他，大臣也可以推翻他。当然，如果君主把大臣视为手足，那么大臣也会把他视为腹心。然而，孟子继续说道："君之视臣如犬马，则臣视君如国人；君之视臣如土芥，则臣视君如寇仇。"① 在这一点上，孟子坚持认为，如果君主对于大臣的反复规谏无动于衷，那么大臣就有权利和义务废黜他。不知道齐王听了这些话有没有感到吃惊？

好战是战国时代的君主们最主要的通病。至少孟子是这么认为的。他和当时的大多数哲学家一样，对好战的君主进行了强烈的谴责。他抨击梁惠王把齐国民众，甚至是他自己的儿子驱赶到战场上赴死。他把那些善于统帅军队和指挥作战的军事家认定为罪犯。当谈到孔子曾经指责冉求对百姓征收重税时，孟子说："由此观之，君不行仁政而富之，皆弃于孔子者也，况于为之强战？争地以战，杀人盈野；争城以战，杀人盈城，此所谓率土地而食人肉，罪不容于死。"② 孟子接着说："故善战者服上刑，连诸侯者次之，辟草莱、任土地者次之。"③

因此，坚定不移地反对残酷的杀戮成为孟子的重要使命。就像200年前组织世界上第一次和平会议的向成那样，④ 孟子也是和平的积极倡导者。然而，不用说，他的努力注定以失败而告终。在他于公元前289年去世之后，情况变得越来越坏，进入了一个更加血腥和残忍的时代。尽管如此，孟子已经成功地把一套理想主义的学说铭刻在追随者的心中，包括他的民主思想、性善论以及人的社会地位思想。孟子的学说就像孔子的那样，很快成为古代中国贡献给人类的最有价值的哲学遗产之一。

---

① 《孟子·离娄下》。
② 《孟子·离娄上》。
③ 同上。
④ 向成召开和平会议的故事参见《左传》，也可参见理雅格：《中国经典》（第五册）（Legge, *The Chinese Classics*, Vol. V, Pt ii），第532—535页。

第六章

一个伟大传统的形成

兰陵令荀子

　　孟子去世之后，振兴儒学的重任落到了荀卿身上。荀子是儒家之道的另一位重要捍卫者。他出生于北方的赵国，离儒学的发源地鲁国比较远。我们不知道他出生的确切时间，据学者推测，大约在公元前 340 年–公元前 298 年这四十多年之间。① 我们同样也不清楚他的生平。我们唯一所知道的，是他和孟子一样，在五十岁之前默默无闻——这可以假定为他的准备期。在五十岁时，荀子结束隐居的生活，前往当时的学术中心齐国游学，向齐集于稷下的众多学者问学。不久，荀子声名鹊起，成为稷下最知名的学者，曾经三次担任稷下学宫的祭酒。后来，由于稷下的学者因反对齐国的军事政策纷纷离开齐国，荀子也离开齐国前往秦国；在那里，他觐见了秦王，但没有被秦王任用。因此，他很快离开秦国，回到了自己的祖国赵国。

　　文献中有这么一条有趣的记载，荀子在拜见赵孝成王时，曾经与赵国的将军在赵王面前谈论兵事。他完全漠视这位将军的军事战略，站在儒家学派的立场上声称战争的艺术主要在于获得民众的支持，因为他们是潜在的兵员；他主张用践行仁义的办法来取代阴谋诡计，因为仁义是赢得战争的基本要素。事实上，荀子非常成功地使赵王和将军相信他的观点非常可靠，以至于两人听得聚精会神，不时赞许地点头。

　　然而，荀子在这些国家似乎并没有获得大展宏图的机会。随着幻想的破灭，他晚年满足于担任楚国一个小小的兰陵县令。兰陵本属于鲁

―――――――――――――

　　① 荀子最有可能出生在公元前 320 年。

国，新近被楚国所攻占。在那里，许多年轻人前来向荀子问学，他们中的有些人成长为著名的学者和政治家。荀子大约于公元前235年去世，这个深受百姓爱戴的老人长久地留在了兰陵人民的心中。

荀子为后世留下了三十三篇脍炙人口的文章。这些文章显示他是一位散文大师，一位深刻的思想家，以及最重要的，他是儒家教义坚定有力的捍卫者。

伟大的 "儒者"

荀子和孟子一样，生活在"百家争鸣"的时代，他在宣扬自己学说的同时，必须批判其他学派的学说。在一篇名为《非十二子》的文章中，荀子对同时代的学者进行了全面地批判，其中既包括道家、墨家和名家这些竞争性学派的哲学家，也包括子思、孟子这些早期的儒家学者。甚至孔子亲炙的弟子，如子张、子夏和子游，也没有逃过他的批评。[①] 然而，这种对朋友和敌人不加选择的批评使荀子在儒家学派内部不得人心，以至于影响后世儒家对他的评价，他们把子思和孟子视为儒家道统的传人。我们可以很容易地看出，这种纷争不仅显示出儒家学派内部出现了严重的分裂，同时也显示出封建社会末期的哲学论战是多么地激烈。

作为敏锐的批评家，荀子能够以精辟的言语击败对手，将他们归入"犯错误的哲学流派"（the erring schools of philosophy）。例如，他谴责

---

① 中国有些评论家认为，《荀子·非十二子》中的这部分内容是伪造的，但他们提不出有力的证据来证明这些内容并非出自荀子之手。也许正是这些内容，使得荀子在儒家阵营中不受欢迎。

墨子"蔽于用而不知文"，庄子"蔽于天而不知人"，惠施"蔽于辞而不知实"。这种简练的言辞往往能击中对手的要害，使他们在儒家学者面前显得目光短浅，荒唐可笑。荀子宣称："此数具者，皆道之一隅也。夫道者，体常而尽变，一隅不足以举之。曲知之人，观于道之一隅而未之能识也，故以为足而饰之，内以自乱，外以惑人，上以蔽下，下以蔽上，此蔽塞之祸也。"①

在荀子看来，孔子相对于他们就显得仁爱而明智。作为圣人，孔子的美德可以和周公媲美，他的名声可以和古代的圣王并列。事实上，只有孔子的学派真正掌握治国之道，并且能够成功地付诸实践。然而，不幸的是，并不是所有的追随者都能像孔子那样。荀子认为，他们大致可以分为三类：一是俗儒，他们通过贩卖一知半解的、甚至是错误的思想来谋取衣食；二是雅儒，他们能够真正地遵循儒家之道，但缺乏能够达到至善的智慧；三是大儒，他们的言行趋于完美，完全领悟真正的道，如果有施政的机会，他们能够实现天下的统一和安定。很明显，荀子希望把自己归入最后一类。

当秦昭王问荀子儒者对社会有什么益处时，荀子立刻例举出儒者的社会功效。他告诉秦昭王，大儒有许多优点。他声称："势在人上则王公之材也，在人下则社稷之臣，国君之宝也。虽隐于穷阎漏屋，人莫不贵之，道诚存也。"② 因此，无论处于什么位置，大儒都能与众不同，他能使政治清明，能使民风淳朴。如果大儒位在人上——注意此时大儒已经进入统治阶级——他能使他的国家"四海之内若一家"。③

就这样，在坚定地捍卫儒学的过程中，荀子赋予了"儒"高尚的属性，使它脱离了主持仪式的专业人士这种带有歧视性的本义。从此之

---

① 《荀子》，四库备要版，卷十五，《解蔽第二十一》，第3-4页。
② 《荀子》，四库备要版，卷四，《儒效第八》，第2页。
③ 同上，第3页。

后，儒不再是一个贬义词，而是一种非常重要的荣誉。伟大的"儒者"此时终于完全转变为伟大的学者。

宗教与哲学的分离

总的来说，孟子的学说与荀子的学说并没有最初显示得那样泾渭分明。相反，他们的差别主要在于阐释和强调的重点不同。简单地说，孟子通过颂扬仁义这些最重要的美德来发挥儒家学说中的理想主义成分，而荀子将儒家学说中具有实践意义的内容作为他的基本教义，如礼和乐。然而，为了做到这一点，尤其在那个把哲学思想的逻辑推理作为先决条件的时代，荀子不仅必须为他的思想找到历史的依据，就像从前孔子所做的那样，而且必须为他的主张找到一个新的逻辑基础。因此，荀子坚持认为作为社会动物的人，必须通过自己的努力才能自我完善和适应社会。与此同时，他也试图证明人的拯救完全取决于他自己，而不是像宗教人士所说的取决于天。事实上，荀子没有这些宗教上的顾虑，他并不相信天命，而是信奉人自身的努力。

从历史上看，在从孔子到荀子的二百多年时间里，周朝民众的宗教信仰，尤其是他们对天支配人的命运的信仰，已经极大地动摇了。正如我们所知道的，孔子自己并不是宗教徒，尽管他经常谈到天和天命，但很少公开谈论自己的信仰。对孔子来说，天命只是他用来建构政治理论的有用工具。而对荀子来说，虽然天曾经是全能的人格神，但如今已经大大地弱化了，以至于他不认为天对人的生活会有多大的影响。

所有这些变化该如何用当时的哲学语言加以阐释呢？就像我们先前所提到的，战国时代是一个非常混乱的时代，人们的人生观和世界观都在发生着巨变。持续不断的战争使人们的生命财产不断遭到破坏，也给人民带来了说不尽的苦难，所有这一切都深深地触动着每一个善于思考的人，使他们开始怀疑这世界上究竟有没有正义。在一个坏人当道、好人受苦的时代，人们会倍感失望和疑惑。因此，就会出现这样的问题：如果天真的是所谓的伟大而仁慈的神，那么他为什么听任人类遭受这么大的苦难而不伸出援手？或者天并没有传说中的那么强大，也许他对人类生活的影响并没有曾经想象得那样重要？

生活在一个宗教日益失去吸引力的时代，荀子成为一位公开的不可知论者。在这一点上，他似乎更接近道家，而不是他从属的儒家。因为荀子和老子一样，相信天只不过是永恒的自然法则，宇宙的所有变化，比如星星的运动、日月的交替以及四季的更替等等，都是自然法则运行的表现。荀子写道：皆知其所以成，莫知其无形，夫是之谓天。唯圣人为不求知天。① 而且，在荀子看来，大自然的奇怪现象与人类的活动无关，灾异并不是对人类恶行的警示。荀子要我们相信，"夫星之队，木之鸣，是天地之变，阴阳之化，物之罕至者也，怪之可也，而畏之非也。物之已至者，人祆则可畏也"。②

荀子相信，应该是人自己，而不是天，对自己的生活以及获得的成功或遭遇的灾祸负责。他坚持认为，"修道而不贰，则天不能祸。故水旱不能使之饥渴，寒暑不能使之疾，祆怪不能使之凶"。③ 但在另一方面，如果人忽视了自己的责任，违背了人生之道，那么即使是天也帮不了他，他只能怪他自己。

事实上，荀子对正统学说进行了重新阐释，最终他成功地剥离掉中国古代思想中的一部分迷信成分。像孔子一样，他对向天祈祷的功效表

---

① 《荀子》，四库备要版，卷十一，《天论第十七》，第 10 页。
② 同上，第 12 页。
③ 同上，第 9 页。

示怀疑。他问道："为什么要求雨呢？"如果真的要下雨，无论人们求与不求都是一样的。他不相信算命和相面，对占卜也非常怀疑；像孔子一样，他相信人的命运取决于他的行动。他认为灵魂基本上都是人幻想的产物。因此，他嘲笑那些迷信的人。有人因为环境潮湿得了风湿病却想用打鼓驱鬼、烹猪求神的办法来治疗这种病，荀子嘲笑说，即使他打破鼓，丧失猪，也不会有治愈疾病的福气。①

在另外一个故事中，荀子讲述了一个胆小鬼的悲惨遭遇。这个人在月光下走路，心里想起了鬼怪故事，于是幻想自己进入了妖魔鬼怪的世界。他低头看见自己的影子，就以为是趴着的魔鬼；抬头看见自己的头发，就以为是森林里的恶魔。结果，他被自己的幻想吓得浑身发抖，赶紧转身跑回家去。还没跑进家门，这个可怜的家伙就已经气绝而死。所以荀子评论说："岂不哀哉！"②

因此，通过排斥这些超自然的信仰和无益的揣测，荀子成功地完成了使宗教从哲学中脱离出来的过程。其实这个过程从孔子就已经开始。这是一种非常值得赞许的努力，它对几千年来中国人思想的发展产生了重要的影响。它也带来了严重的后果，因为从此以后，宗教就转入地下秘密发展，也就是说，除了个别情况，宗教无法再次成为中国知识分子普遍关注的重点。不可否认，祖先崇拜依然得到奉行，但它更多的是一种社会活动，一种生者与死者的家庭聚会，而不是纯粹的宗教行为。因此，在学者们纷纷放弃宗教信仰的同时，迷信在民间得到了蔓延，愚昧无知的民众把它作为自身信仰的重要部分。但在另一方面，宗教作为人们文化和精神生活的驱动力的时代已经终结。即使它后来随着佛教的传入有所复兴，但也只是半心半意和昙花一现。中国人从荀子的时代开始失落他们的宗教信仰，从此以后再也没有找到。

---

① 《荀子》，四库备要版，卷十五，《解蔽第二十一》，第9页。
② 同上。

人性本恶

荀子另外一个令人吃惊的观点是主张人性本恶。他的这个观点正好与孟子相反，后者主张人性本善。从那时起，人性是善是恶的问题引起了中国学者激烈的讨论，无数的论文围绕这个话题而展开。这种论战在 12 世纪达到了顶峰，孟子的追随者最终取得了胜利。他们把持相反观点的荀子排斥在儒家道统之外。因此，具有讽刺意味的是，作为儒家思想早期捍卫者的荀子，当初是多么坚定地为儒学辩护，最后却遭到了来自同一阵营的后世儒家的贬斥。

荀子对人性不抱幻想的原因很简单。他相信人性本恶是因为受到了每天发生在周围的恶行的影响。在他所处的时代，周围人的争斗、腐败和贪婪随处可见。与此同时，人们沉溺于荀子所揭露的利益争夺和感官享受。这些明显的事实不得不让荀子承认"人之性恶，其善者伪也"。他在文章中写道：

今人之性，生而有好利焉，顺是，故争夺生而辞让亡焉；生而有疾恶焉，顺是，故残贼生而忠信亡焉；生而有耳目之欲，有好声色焉，顺是，故淫乱生而礼义文理亡焉。然则从人之性，顺人之情，必出于争夺，合于犯分乱理而归于暴。[1]

随后，他直接批评孟子没有理解人的本性，没有明察人的本性与后天人为之间的区别。他写道：凡性者，天之就也，不可学，不可事。礼义者，圣人之所生也，人之所学而能，所事而成者也。[2] 有趣的是，荀

---

[1] 《荀子》，四库备要版，卷十七，《性恶第二十三》，第 1 页。
[2] 同上，第 2 页。

子在这里也把人的本性归因于天的赋予，只是相信这种本性是恶的。我们很想知道荀子在这里所指的天究竟是指人格神之天还是自然法则之天。无论如何，他肯定亵渎了天，所以毫不奇怪，他最终被排斥在儒家道统之外；儒家正统思想既信奉天的仁慈，也相信人性本善。

然而，就像前面所提到的，荀子的主张并非没有理由，他在此基础上证明通过道德教化来调节人的欲望的必要性。虽然他相信人性本恶，但也认为人性能够改善。他认为人在出生时被赋予了某种智能，这种智能能使人在教化的过程中将恶的本性转变为成熟优雅的品性。因此，在荀子看来，人所需要做的是时时遵循"礼义之道"，这样就能成为有德之人，并进而"出于治，合于善"①。

日常生活的诗化

从上面的论述可以很容易地看出，尽管荀子和孟子的出发点不同，但他们的目标都是一样的，甚至和孔子都是一样的，那就是追求道德的完善。但我们必须承认，这两位哲学家实现目标的途径是不同的。至少对荀子来说，最直接有效的途径是礼、乐这些传统的教化方式。他因而对礼、乐进行了哲学上的探索。

礼作为影响中国社会的重要因素，它的起源以及演变的过程就像中国人的历史那样悠久。我们在这里简单谈一下荀子的观点以及他对礼的意义的阐述。首先必须指出，孟子以及他那些具有人文主义精神的追随者，把礼仅仅视为仁这种内在精神的外化，但荀子却把礼看作是抵消他

---

① 《荀子》，四库备要版，卷十七，《性恶第二十三》，第1页。

所宣称的人性之恶的最佳方式。他认为只有通过礼仪这种人为的教化方式，才能纠正和改善人的丑恶本性，进而使他们在一个秩序良好的社会里恰当地、和谐地生活。

我们在这里讨论一下荀子礼学思想的心理学基础。在荀子看来，人生下来就有欲望，欲望得不到满足就会引起争斗和混乱，并进而引发整个社会的各种矛盾。因此，荀子的结论是，人的欲望如果放任自流的话就会无限膨胀，所以必须加以正确的引导和控制。那么除了体现在社会活动和宗教仪式中的礼仪规范，还有什么能比礼更加有效地培养人的良好品质吗？所以荀子声称："故礼者，养也"。① 同时，他相信礼具有历史的合理性，因为礼是由"先王"所制订的，并且得到了国君和学者之流的奉行。因此，无论时代怎么发展，礼虽然会随着时代发展而变化，但绝不会违背它约束人的丑恶本性的初衷。

作为礼的热情倡导者，荀子用华丽的语言对礼进行了赞美："故至备……天地以合，日月以明，四时以序，星辰以行，江河以流，万物以昌，好恶以节，喜怒以当，以为下则顺，以为上则明，万物变而不乱，贰之则丧也。"② 荀子将礼称颂为人类的最高行为准则，此时他已经进入了诗的王国，理所当然地成为一位诗人。

事实上，正是这种诗一般的语言风格使得荀子的学说与墨子的学说形成了鲜明的对比，而后者的行文是中国古代哲学家中最乏味的。墨子曾经公开指责儒家的"厚葬"奢侈浪费，而荀子在为儒家的葬礼和祭礼辩护的时候，诉诸于人们的情感加以解释。他提醒人们注意这样一个事实，那就是这些礼仪的本意都是用来表达对死者深深的怀念之情，

---

① 参见达布斯：《荀子》（Dubs，*The Works of Hsuntze*）。也可参见《荀子》，卷十三，《礼论第十九》，第1页。

② 《荀子》，四库备要版，卷十三，《礼论第十九》，第4-5页。

"是致隆思慕之义也"。① 从这个角度说，祭礼就像服丧三年那样，是人们表达对死者难以释怀的悲痛之情的正当途径，是忠信爱敬之德的极致，是"礼节文貌之盛矣"。②

因此，在荀子看来，所有这些丧祭之礼都必须以恰当的方式进行，比如人死之后要进行装饰，目的是减轻其丑恶难看；人的悲痛要予以文饰，以使人慢慢地恢复平静；对待死者的恭敬之情要予以修饰，以使人侍奉死者如同侍奉活人。通过这种方式，人的情感和艺术很好地结合在仪式之中，这不仅可以使日常生活变得诗化，还能使君主明白"最高的政治职责、国家力量的来源、有效的统治方式以及获得尊重的基本原则"。③ 总之，荀子认为礼是最重要的行为准则，是包含所有其他道德观念的德行。

快乐的表达

荀子以诗化的心灵在音乐中获得了巨大的快乐和灵感。从这一点上说，他作为孔子的继承者当之无愧，因为我们知道，孔子对音乐有很高的鉴赏力，并把它视为移风易俗的重要方式。作为周朝贵族学习的六艺之一，音乐曾经在经典课程中占据着重要的位置，但到了周朝晚期，音乐慢慢地边缘化了，即使在儒家学者那里也是如此。由于作为周朝六经之一的《乐经》没有流传下来，我们只能在荀子的著作中去构想音乐

---

① 《荀子》，四库备要版，卷十三，《礼论第十九》，第 14 页。
② 同上，第 15 页。
③ 休斯：《古典时代的中国哲学》（Hughes, *Chinese Philosophy in Classical Times*），第 249 页。

在古代的礼仪活动和公共娱乐活动中所扮演的角色。

追随着孔子的足迹，荀子认为音乐作为人类情感的表达，是社会必不可少的。它和礼一样，都是强有力的教化力量，有助于塑造或改变人的性格。好的音乐，被荀子描述为具有"内在的和谐"，能够激发人心中的善而远离恶的影响。荀子写道：夫乐者，乐也，① 人情之所必不免也，故人不能无乐。乐则必发于声音，形于动静……乐则不能无形，形而不为道，则不能无乱。先王恶其乱也，故制《雅》、《颂》之声以道之，……使其曲直、繁省、廉肉、节奏足以感动人之善心，使夫邪污之气无由得接焉。②

因此，宗庙之中的音乐能够激发人的和谐恭敬之心，家门之中的音乐能够激发人的和睦相亲之情，乡村里弄之中的音乐能够激发人的和睦顺从之心。"故乐者，审一以定和者也，比物以饰节者也，合奏以成文者也，足以率一道，足以治万变。"③ 由于音乐具有非常深远的影响力，所以它也是君主统治人民的重要手段。就像好的音乐能使人变得守纪律和友好那样，妖冶轻浮的音乐会使人变得淫荡下贱，从而给国家带来危机。所以先王在制作音乐时非常谨慎。

荀子也为我们描述了中国古代的各种乐器。当谈到音乐的道德教化作用时，荀子写道：君子以钟鼓道志，以琴瑟乐心，动以干戚，饰以羽旄，从以磬管。故其清明象天，其广大象地，其俯仰周旋有似于四时。④

在另外一段文字中，荀子对舞蹈也表现出了很高的鉴赏力。他对舞蹈艺术进行了高度的评价，并且加以生动地描述，"目不自见，耳不自

---

① 在这里，荀子一语双关，因为"乐"既有音乐的意思，也有快乐的意思。
② 《荀子》，四库备要版，卷十四，《乐论第二十》，第1页。
③ 同上。
④ 同上，第3页。

闻也，然而治俯仰、诎信、进退、迟速莫不廉制，尽筋骨之力以要钟鼓俯会之节，而靡有悖逆者"。①

文化哲学

从上面的论述可以看出，荀子的学说显然是极为正统的儒家学说。尽管他偶尔会提出一些自己的思想，如他的性恶论以及他对宗教的怀疑，但他本质上一个彻底的传统主义者。作为一个政治思想家，荀子坚持孔子所传下来的封建理念和封建制度。在道德观念上，他是儒家之道坚持不懈的传递者——这个道不是形而上的天之道，而是伦理之道，是人的道德规范。此外，荀子深信法律和权威对于一个秩序井然的社会的必要性。他常常被自己的信念所左右，所以偶尔难免会犯保守主义的错误。

孟子无疑是中国古代最杰出的天才政治思想家，与其他的激进思想相比，荀子的观点显得尤为保守。由于这个原因，他被其他的儒家学者称为权威主义者。事实上，他确实是的。他的保守主义思想，他对设立权威的坚持，以及他对道德秩序的信念，都使他成为儒家学派中真正的保守分子。然而，在另一方面，荀子对礼乐和舞蹈的美化说明他具有诗人的潜质，这大大地弥补了他观念上的呆板。

就像前面所提到的，荀子和孟子各侧重于儒学两大基本内容中的一个，即礼仪和人文。孟子直接继承了孔子后期弟子曾参以及再传弟子子思的思想，特别强调人文理想和人际关系，而荀子继承的是孔子早期的

---

① 《荀子》，四库备要版，卷十四，《乐论第二十》，第3页。

学生，如子贡等人的思想，主要的兴趣集中在礼乐。我们还记得，孔子正是以这些科目开始他的教育生涯，并以此为基础建立他的政治伦理体系。从这一点上说，荀子完全是孔子忠实的追随者。

然而，儒家学派内部的区分并不像听起来那样明确。例如，这并不妨碍荀子谈论像荣辱这样的道德话题，像修身这样的教育话题，像君主与霸主这样的政治话题，以及像正名这样的辩证话题。事实上，荀子的兴趣非常广泛，几乎涵盖了人类活动的各个方面。他思维敏锐，善于分析，成功地把散漫无章的儒家学说整合成连贯统一的思想体系。在此之前，还没有哪个学者能做到这一点。

如果说荀子在论述的方法上用的是分析法，但他在理念上却是兼收并蓄的。我们可以在他的著作中看出他对其他哲学流派的借鉴，如道家、名家、法家，甚至墨家。尽管从本质上说荀子是儒家的信奉者，但他毫不犹豫地把任何他认为是好的和有用的东西纳入自己的体系，所以他的哲学应该被称为文化哲学。我们知道价值来源于文化，而文化是人类达到的最高成就。因此，荀子的文化哲学为我们总结了伟大的中华民族在思想最活跃的时代所取得的学术成就。鉴于他的这种贡献，荀子理所当然应该获得高度的赞扬，正是在他手中，中华民族的伟大传统最终得以形成。

第七章

法家的胜利

法家的崛起

在孟子和荀子的时代，北方国家出现了一个非常有影响力的学派——法家，它将在百家争鸣中战胜所有其他的学派。然而，法家学派并不是靠论战获胜，而是完全依靠政治的力量，也就是说，它是依靠信奉法家学说的政府最终统一中国而获得胜利。在我们继续讨论法家的胜利及其给儒家学者带来的灾难之前，让我们先来看一下这个新兴的学派是如何成为哲学王国和政治王国中的重要角色的。

我们知道，周朝原本依靠两种不同的制度进行统治：以礼来指导贵族的生活，以法来控制平民的生活。但随着时间的推移，尤其是随着阶级的融合，这种区分不再像从前那样严格。例如，孔子从礼中提炼出普遍的道德行为规范，适用于所有的人，而不论其阶级出身和社会地位。与此同时，以前只适用于农奴的刑罚，也被知识阶层普遍认为是防止犯罪的有效手段。由于当时的贵族变得日益堕落和腐化，以往的礼仪规范对他们失去了约束作用，因此许多政治思想家开始感到应该使用一套更加严格的制度来抑制贵族们的任性妄为。因此出现了这样一种学派，他们坚持认为所有违法的人都应该受到严厉而公平的惩罚。

在这一点上必须注意的是，尽管法家是严刑酷法的提倡者和执行者，但绝不意味着他们比当时的从政者更加冷酷无情。他们之所以给人留下这样的印象，主要是因为他们所强调的法律自身是残酷无情的。作为原本应用于战俘、奴隶和农奴的法律，几百年来一直以残酷著称。尽管孔子等人从人道主义的角度作出努力，但并没有改变这种局面。例如，它包括割鼻、断足、阉割、五马分尸等各种残忍的惩罚手段，而法

家主张将这些手段同样应用到贵族和平民身上。然而，尽管法家有残酷无情的一面，但也有公平公正的一面。事实上，法家的过人之处就在于它的理念：法律面前人人平等。

哲学家和政治家

法家学派是由立法者和执政者所创始的。早在公元前 7 世纪，法的观念就已经存在，在齐国名相管仲身上已经体现出法的意识。管仲通过引入盐铁专卖制度不仅帮助齐国成为东方最富强的国家，而且为后代提供了一种高效管理的典范。尽管孔子批评管仲不知礼，但也表扬他多次抵御野蛮民族对中原地区的入侵，为中华文明的存续做出了巨大贡献。所以孔子说："微管仲，吾其被发左衽矣。"① 意思是说，如果没有管仲，我们都要改成野蛮民族的装束了。

作为繁忙的政治家，管仲不太可能还想成为一个作家。而且，我们知道，当时也没有政治家把自己的思想形诸笔墨的风尚，即使是孔子，也没有把自己的学说写下来。因此《管子》这本书虽然以管仲命名，但无疑是没有多大历史价值的后人的伪作。然而，管仲无疑是周公以来最伟大的政治家，也当之无愧地成为法家的先驱者。

法家另外一位重要人物是郑国名相子产。他早在公元前 536 年就颁布了中国第一部成文法。他也许是当时最杰出的人物，所以孔子把他称赞为"君子"的典范。当孔子听到子产去世的消息时，流着泪叹道："古之遗爱也。"

---

① 《论语·宪问》。中国人的长袍直到今天依然是大襟扣在右边。

　　除了管仲和子产可以被视为法家的先驱外，法家在随后的一段时期又出现了三位重要的代表人物，分别是赵国学者慎到、韩国相国申不害和魏国人商鞅，其中商鞅后来成为秦国重要的立法者。他们都是与孟子同时代的人，全都活跃于公元前4世纪的北方国家韩国、魏国和赵国，即所谓的三晋。法家思想从这些国家又传播到了位于西北的秦国，并且在那里得到了坚决地执行。很容易解释法家思想为什么会在气候寒冷的北方地区兴起。很明显，就像南方温暖的气候容易产生老子和庄子等人的浪漫的自然主义思想，以及中原地区容易兴起孔子的中庸学说那样，北方的气候使人更加关注现实，这种务实精神就体现在他们对法的理解和实践之中。

　　总的来说，慎到对法家的贡献主要是提出了"势"这个概念。势也可以译为权势或权威。打一个形象的比喻，势就相当于飞龙的云和游蛇的雾，有了云雾它们就可以腾云驾雾，一日千里；如果没有这些云雾，那么它们就和地上的蚂蚁和蚯蚓差不多了。说得再具体一点，势就是保障君主能够统治人民的权威。如果一个君主没有势，那么他就和普通人没什么差别了；他无法保证他的命令得到执行，也失去了对人民的影响力。

　　申不害为法家提出了"术"的概念，从而使法家思想进入了实践层面。术特指驾驭之道或帝王之术，它能保证君主成功地控制臣下，并且驱使他们各展所长。这些政治手段都是从有效性的角度设计的，并没有道德上的考量。因此，有些手段也许是非常奸诈和暴虐的，但正因为它们能够达成预期的目标，所以被认为是君主统治中不可或缺的。例如，秦国的统治者正是依靠这种不讲道德原则的手段，把人民严密地组织起来并最终统一了中国。也正是因为这种法则，使得秦国这个极权主义国家在历史上第一次能够迫使它的人民沦为奴隶，并进而使其他国家陷入受屈辱和被奴役的处境。

商鞅为法家提出的第三个概念叫做"法"。商鞅又称商君,他正是依靠法这个武器步入秦国政坛并取得巨大的成功。在相秦期间,商鞅在这个新兴的国家进行了大量的改革。他通过打破传统的家族制,加强了政府对人民的控制;他废除了农业上的"井田制",鼓励开垦荒田,为国家积累了巨大的财富;他通过一系列的奖惩措施加强了秦国的军事实力。当然,他最重要的功绩,是颁布了一部适用于所有人的新法律。新法颁布以后,他是如此严格地执行,以至于要惩罚违法的太子;但因为太子年幼,他最终惩罚了太子的两位太傅,对一位施以黥刑,而对另一位施以劓刑。就这样,经过五年的努力,他使秦国成为当时最强大的国家,同时也是治理最好的国家。然而,在他严格执法的过程中,也招致了许多的敌人,他们无视商鞅的丰功伟绩,等受辱的太子继位后立即将商鞅罢免。他们指控商鞅犯了谋反罪,判处他死刑,并最终将他五马分尸。

后人将一部名为《商君书》的政治专著的著作权,记在了这个雄心勃勃、不讲道德原则,同时也是才华横溢的政治家名下。尽管这本书不太可能出自他的手笔,但书中包含了商鞅大量的观点和实践。例如,该书的目标与商鞅本人的政治抱负显然是一致的。无论如何,这本书的直接目标是建立一个中央集权的军事强国,终极目标是夺取天下,获得最高的权力。为了实现这个目标,书中的观点和商鞅一样,那就是奖励耕战,也就是说,和平时期鼓励农民加紧生产,战争时期把农民严密地组织起来作战。然而,商鞅对中国政治思想的杰出贡献,在于他无论在理论上还是实践上,都坚持法律面前人人平等,为此他执法严峻,不畏权贵,也不偏袒亲友。就这样,他不仅为秦国在不久的将来横扫六国奠定了基础,同时也为法家在百家争鸣中获得最后的胜利铺平了道路。

法家思想的集大成者

非常不可思议的是，随后成为法家思想代表的两个重要人物，竟然都是儒学大师荀子的学生。当荀子在兰陵担任县令的时候，这两个学生，韩非和李斯，前来向他问学；结果第一个最终成为法家的理论家，第二个成为法家的政治家。尽管乍看之下法家学者出身于儒家学派令人难以置信，但如果考虑到荀子的权威主义思想，那么就容易想到他的学生可能会有更加深入的权威主义思想，以至于发现法律和权术比礼、乐更容易建立一个强大而有序运行的政府。此外，荀子的人性论也为法家提供了一个很好的心理学基础，他们据此认为法律对于战斗和限制犯罪来说都是必须的，因为人的丑恶本性使他易于犯错。

作为杰出的强权政治理论家，韩非出身于韩国贵族世家。因为口吃，他诉诸于写作来表达和传播自己的思想。偶然之中，他的两篇文章《孤愤》和《五蠹》传到了秦国。当野心勃勃的秦王嬴政读到这些文章后，非常渴望能见到它们的作者。此时在秦国当官的李斯，也就是韩非的那个同学，告诉秦王说："这是韩非的作品。"不久之后，当韩非作为韩国的友好使者出使秦国时，受到了秦王隆重的款待，以至于引起了包括李斯在内的秦国官员的嫉妒。他们在秦王面前诽谤韩非，并且以谋反的罪名将韩非投入监狱。在狱中，韩非收到了昔日同窗送来的一杯毒酒和一个自杀的命令。就这样，韩非死在了秦国。非常具有讽刺意味的是，他的学说即将成为强大的秦国统一六国的哲学基础。

在韩非的著作中，我们看到了公元前 4 世纪—公元前 3 世纪的法家思想的集大成。除了继承了慎到关于"势"的思想，以及商鞅严峻执

法的精神，韩非特别推崇申不害的权术思想，把它称为"运用君权的艺术"。在讨论君主及其臣下的关系时，韩非认为君主是神圣不可侵犯的，具有至高无上的权力，他只需使用两种权柄就能牢牢地控制臣下，即奖赏和刑罚——奖赏能保证臣下的忠诚，而刑罚是通过严惩违抗命令的臣下来保证臣下对君主的敬畏。

和其他法家学者一样，韩非坚持认为在法律面前，贵族和农奴都是平等的。他宣称："刑过不避大臣，赏善不遗匹夫"。[①] 然而，在韩非看来，有一个人可以凌驾于法律之上——那就是君主自己。君主独自制定法律，垄断所有的权威。因此，在政治思想上，韩非鼓吹以法治为基础、为军事实力为支撑的君主专制政体。他理想中的国家是一个中央集权、君主专制、以法治国的国家，这种君主独裁的国家能够凭借其绝对的权力结束所有的战争和混乱。

遭受批判的儒家学者

法家学者与儒家学者相比，有完全不同的政治信条，这种不同在下面的这则故事中得到了很好的说明。

有一天，齐国稷下学宫的三位"稷下先生"聚在一起。其中一位叫田骈，特别能言善辩，人称"天口骈"，他边读《尚书》边说："尧时太平。"

他的同僚宋钘听到后就问："圣人之治，以致此乎？"

彭蒙在一旁抢着回答说："圣法之治以至此，非圣人之治也。"[②]

---

① 《韩非子》，四库备要版，卷二，《有度第六》，第 5 页。
② 《尹文子》，四库备要版，《大道下》，第 16 页。

　　尽管这三位对话的学者没有一个明确属于法家或儒家，但彭蒙和宋钘的对话却很好地显示了这两个学派政治信念的不同。儒家学派强调统治者个人的影响力，而法家学派声称，一个国家只需要依靠一套高效的法律法规就能获得良好的治理，一旦法律法规建立起来，这个国家就能正常地运转，并不需要统治者做任何特别的事情。法家这种观点的优势在于，由于圣王很少出现，所以对于绝大多数普通的统治者而言，只需要依法治国，并不需要特殊的才能和品德。此外，法治还能排除妨碍国家治理的个人因素。

　　出于同样的原因，法家学者拒绝接受儒家学者静止的历史观以及他们对传统权威的信仰。相反，他们坚持认为，既然社会变迁是不可避免的，那么所有的国家事务都应该根据环境的变化和现实的需要进行调整。他们不向往遥不可及的上古圣王时代，也不留恋陈旧的习俗，他们所需要做的是与以往一刀两断。他们声称，现世的政府已经与古老的氏族相隔久远，统治者的职能已经不同于当初族长的职能。与此同时，诸如爱和仁慈这些传统的美德在现世政府中已经失去了用武之地。

　　同样地，就在法家学者坚持法律面前人人平等的同时，他们也在与享有特权的贵族阶级作斗争。就像前面所提到的，正是这种信念促使商鞅惩罚了违法的太子，虽然这最终也导致了他自己的被杀。然而，这位无畏的秦相已经在秦国大地播下了法家思想的种子，并且已经开始生根发芽，它的最终结果就是君主专制取代封建统治，封建贵族逐渐失去了他们的特权。

　　在反封建的运动中，法家学者几乎贬斥了所有古代的制度和传统，包括孔子非常珍视的道德、礼仪、历史以及文学。法家学者还例举了十种对治国有害的事物，其中包括孝、悌、诗、礼和乐。他们认为所有这些东西要么不切实际，要么对民众无益。在他们看来，民众最有意义的事情应该是扩大农业生产和"光荣地"参军作战。

从那时起，儒家学者开始遭受严厉的批判。虽然法家对其他所有学派都怀有敌意，但他们对儒家学者的攻击尤为激烈。他们把儒家学者、工商之民、游侠等五种人称为"五蠹"，认为他们应该像社会的蛀虫那样予以清除。其中儒家学者尤其被指控为"巧舌如簧"，寄食他人，希图以空话取胜。同时，他们被认为是社会的危险分子，不仅白白消耗了国家的粮食，而且还以夸张的言语和似是而非的观点引起国人的猜疑。所以在"孤愤"中，法家学派的重要代言人韩非谴责所有的儒家学者都是蛀虫和寄生虫。

一个时代的终结

就在诸子百家之间的论战进行地如火如荼之际，一场规模更大的战争已经拉开了帷幕，它关系着各个国家的生死存亡。这场战争持续了几十年，最终来自西北的秦国凭借强大的政治实力和军事实力取得了胜利，统一了整个中国。由于秦国地处偏僻的西北，所以它是最后一个被中原国家所承认的强国。然而，尽管它的文明程度不如其他国家高，但它受传统观念的束缚比其他国家少，所以它更容易接受法家所鼓吹的极权主义之类的新思想。这也使得秦国有可能在商鞅执政的时候进行变法，其结果是为横扫六国奠定了基础。在随后的公元前3世纪，强大的秦军在秦国政府的指挥下，披荆斩棘，高歌猛进，直捣六国都城，以惊人的速度征服了各个国家。公元前221年，秦国终于完成了统一大业，将韩国、赵国、齐国、魏国、楚国和燕国这些封建国家先后纳入自己的版图。而周王室早在公元前256年就被秦国所灭，最后一代周天子郁愤而终。随着作为象征性权威的周王室走向灭亡，封建制度也正式宣告终结。当秦王嬴政加冕为中国历史上第一个皇帝时，一个全新的时代开启了。

辅助秦始皇取得这种划时代的胜利的伟大政治天才正是丞相李斯。我们知道，他是韩非的同学，两人都曾师从于荀子。尽管他不是一个出色的学者，却是一个非常成功的政治家。作为坚定的现实主义者，他头脑冷静，深谋远虑，不屈不挠，是秦国政坛上自商鞅以来最伟大的政治家。他的影响，不管是好是坏，都是巨大的。在秦始皇的支持下，李斯在这个新的帝国对中国社会进行了全面的改革，从而使封建制度彻底瓦解。

李斯反封建的众多举措包括：加强以军事实力为后盾的中央集权；以严密的官僚政治取代贵族政治；统一度量衡；统一车轨，修筑驰道。然而，最重要的是，他废除了分封制，推行郡县制，设置郡守和县令进行管理；郡守和县令不世袭，由皇帝直接任命。全国被划分为三十六个郡，一郡之内又设若干个县。这明显背离了周朝的封建制度。李斯还命令被征服国家的贵族——不少于 12 万户——离开祖居的封地，全部迁入秦国首都咸阳（今西安附近），从而剥夺了他们在领地内的统治权。与此同时，收缴私人拥有的兵器，铸成巨大的铜人，立于皇宫之前。就这样，中国古代的封建社会遭受了最后的致命打击，从此以后再也无法恢复。

致命的宴会

虽然秦始皇在李斯的鼓动下对历史文化进行了破坏，但在他早年执政的时候，身边仍然有 70 个学识渊博的学者以备顾问。他为他们设立

的官职叫博士，目的是让他们掌管古今史事以及书籍典章。但随着六国的相继灭亡，这些博士的地位也有所动摇。虽然以李斯为代表的法家取得了胜利，但对其他学派的哲学家来说，论战还没有完全结束，至少他们都还活着。事实上，如果不是儒家学者淳于越无意之中的失言，他们也许还能继续活跃于秦朝。然而，淳于越的一席话使中国古代文化遭受了最严重的灾难。

事情的经过是这样的：始皇三十四年（公元前 213 年），秦始皇在咸阳宫举办宫廷宴会，邀请所有的重臣参加。那肯定是一场盛大的庆典——也许是秦始皇的生日——因为出席宴会的 70 个博士全都上前给秦始皇祝寿。在庆典进行的过程中，很自然地，大家会说许多赞美的话。在发言者之中，有一位皇帝的侍臣歌颂了秦始皇的丰功伟绩，尤其颂扬他把松散的封建国家体制转变成组织良好的、中央集权的郡县制度，最后他总结说："人人自安乐，无战争之患，传之万世。自上古不及陛下威德。"

秦始皇听了很高兴。这时作为博士之一的淳于越走上前来反对那位侍臣的言论。他向秦始皇进言说："臣闻殷、周之王千余岁，封子弟功臣，自为枝辅。今陛下有海内，而子弟为匹夫，卒有田常、六卿之臣，无辅拂，何以相救哉？事不师古而能长久者，非所闻也。"[1]

秦始皇把这种批评意见交给群臣讨论。丞相李斯上书说：

> 五帝不相复，三代不相袭，各以治，非其相反，时变异也。今陛下创大业，建万世之功，固非愚儒所知。且越言乃三代之事，何足法也？异时诸侯并争，厚招游学。今天下已定，法令出一，百姓当家则力农工，士则学习法令辟禁。今诸生不师今而学古，以非当

----

① 《史记》，卷六，《秦始皇本纪》，第 17 页。

世，惑乱黔首。

丞相臣斯昧死言：古者天下散乱，莫之能一，是以诸侯并作，语皆道古以害今，饰虚言以乱实，人善其所私学，以非上之所建立。今皇帝并有天下，别黑白而定一尊。私学而相与非法教，人闻令下，则各以其学议之。入则心非，出则巷议，夸主以为名，异取以为高，率群下以造谤。如此弗禁，则主势降乎上，党与成乎下。禁之便。臣请史官非秦记皆烧之。非博士官所职，天下敢有藏《诗》、《书》、百家语者，悉诣守、尉杂烧之。有敢偶语《诗》《书》者弃市。以古非今者族。吏见知不举者与同罪。令下三十日不烧，黥为城旦。所不去者，医药卜筮种树之书。若欲有学法令，以吏为师。①

李斯起草的这封诏书得到了秦始皇的批准。

文化浩劫

这封诏书按照法家典型的执法精神得到了严格的执行，它带来的后果是直接终结了春秋战国以来思想活跃的局面。在这个特殊的禁令下，不仅儒家学派的《诗经》和《尚书》遭到查禁，其他学派也遭到了严重的打击，从此之后，再也无法恢复。中国古代的学术，最初由孔子从官方的垄断中解放出来，如今再次锁进了秦帝国的档案馆，只对少数人开放；失去文献基础的新思想变成了无源之水，无本之木，难以传播和

---

① 《史记》，卷六，《秦始皇本纪》，第18页。

发展。这就是秦帝国对思想的极权主义控制。

然而，这并不是全部。在大肆禁书之后，更为惨无人道的坑儒接踵而来。无论是因为这些学者拒绝放弃自己珍爱的学说，还是因为秦始皇因受到某些术士的欺骗而迁怒于儒家学者①，这都不重要了。残酷的事实是，就在那封诏书颁布的一年之后，不少于 460 个儒家学者被全部活埋。这不仅是对中国知识分子难以名状的摧残，而且它和焚书一样，对中国的历史文化造成了无法弥补的损失。

然而，最坏的时刻还没有到来。我们知道，秦朝是个短命的朝代，这就意味着封存在秦帝国档案馆中的禁书，有可能在未来的某一天重见天日。然而，当秦朝于公元前 206 年灭亡时，一场空前的文化浩劫开始了：起义军纵火把咸阳宫烧成了废墟。据史书记载，可怕的大火持续了三个月，中国古代最为完整、也最为珍贵的文献资料全部化为灰烬。这场浩劫对中国文化造成了难以估量的损失。

---

① 秦始皇迷恋巫术，曾经在宫廷里养了很多术士，希望他们能炼出长生不老药。但这些术士并不能制造出这种药，因为害怕受到秦始皇的惩罚，他们选择了逃跑。听到他们逃跑的消息，据《史记》记载，秦始皇龙颜大怒，"于是使御史悉按问诸生，诸生传相告引，乃自除犯禁者四百六十余人，皆坑之咸阳，使天下知之以惩。"然而，这段叙述令人感到困惑，因为它没有解释为什么儒家学者会成为逃跑术士的替罪羊。

第八章

刻在石碑上的儒家经典

儒学简史

学术的复兴

　　对于后人来说，虽然中国文化在秦朝遭受了巨大的浩劫，但幸运的是，它并没有完全毁灭。随着汉朝的建立，学者们再次活跃起来。尤其是儒家学者，齐心合力去争取曾经的优势地位。经过几十年不屈不挠的奋斗，儒家学者终于获得了成功，儒学也成为这个新朝代的正统学说。

　　在汉朝建立的初期，情况其实并不乐观。由于汉高祖刘邦（公元前206—前195年在位）出身于目不识丁的下层平民家庭，所以对儒家繁琐的礼仪不感兴趣。事实上，他对儒生是如此的厌恶，以至于通过在儒生的高帽中撒尿来显示他的鄙视。当有人请他多关注一下古代的学术，刘邦回答说："我在马上得天下，也准备在马上治天下"。①

　　但是，在儒家学者看来，马上治天下并不能保证国家的长治久安。不久之后，这位身经百战的皇帝发现，儒家学者至少在有一点上是有用的。由于刘邦和他的开国功臣大多出身于草莽，态度粗鲁，不懂礼貌，所以上朝时君臣之间礼节不严，这让刘邦感到不满。而儒家学者是以知礼而闻名的。所以刘邦命令儒生叔孙通（公元前3世纪—前2世纪）重新制定一套朝仪。叔孙通曾经担任过秦朝的博士，对制礼之事甚为精通，所以愉快地接受了这个使命。等到后来举行朝仪大典时，群臣恭敬地向皇帝行礼，秩序井然。这让刘邦非常满意，情不自禁地说道："吾乃今日知为皇帝之贵也。"②

　　这似乎是儒家学派在历史上的一个转折点，他们的礼仪知识帮助他

---

① 参见戴闻达：《商君书》（Duyvendak，*The Book of Lord Shang*），第128页。
② 《史记》，卷九十九，《叔孙通传》，第6页。

106

们在朝廷中赢得了一个立足点。作为制礼的赏赐，叔孙通被提拔为太常，其他辅助他制定朝仪的学者也被授予了官职。与此同时，刘邦对学者的态度也开始转变。在他去世（公元前195年）前不久，他前往孔子的家乡，以太牢之礼仪隆重祭祀孔子，对圣人表示了极高的礼遇。

即使如此，刘邦依然没有撤销禁书令。直到公元前191年，在汉朝的第二个皇帝那里，这道禁令才被撤销。于是掀起了大规模寻找失散书籍的运动。在官方的支持下，学者们最终成功地找到了多部流落在民间的儒学经典。它们被搜集起来送到国家档案馆保存。它们包括《诗经》、《尚书》、《春秋》以及之前作为卜筮之书而免于被禁的《易经》。这四本书以及后来拼凑起来的《礼记》，成为自汉代以来流传给后世的"五经"。儒家经典中唯一失传的是《乐经》，我们只能在荀子的著作中看到保存下来的一章。

我们可以引用下面的例子来说明这些经典的恢复过程。自秦代以来，《尚书》一直处于失传状态，后来全靠曾经担任秦朝博士的伏胜，才得以重现于世。据史料记载，公元前213年，也就是禁书令颁布的那一年，为了安全起见，伏胜把刻有《尚书》的竹简藏在家中的石壁中。就这样，这本书在石壁中保存了近半个世纪。直到汉文帝（公元前179—前157年在位）统治时期，已经90多岁的伏胜才把它从石壁中取出。尽管许多竹简已经开始腐烂，但伏胜仍然能够把它们拼凑成一部完整的著作，共29篇。另外一则史料的记载更加神奇，它认为伏胜实际上全凭记忆写下了《尚书》的全部内容——这是多么惊人的记忆力啊！

然而，对经典文献最富有成效的发现出现在汉武帝（公元前140—前87年在位）末年。当时鲁恭王为了扩建宫室，在拆除孔子故宅的一段残破墙壁时，发现壁中藏有大量竹简，分别是《尚书》、《春秋》、《论语》和《孝经》。然而，它们都是用先秦时代的古文字所书写，对汉代人来说难以读懂。于是这些书被送到当时的大学者，也是孔子的十一世孙孔安国（公元前2世纪）那里，由他进行辨识，并将古文字改写为当时通行的隶书。公元前97年，孔安国完成了这项工作，他将整理好的《尚书》46篇连同原来的竹简全部进献给汉武帝。就这样，经过艰苦的努力，遗失的儒家经典终于重现于世。

五经博士

就在儒家学者恢复被破坏的文化遗产的同时，他们也在进行紧张的政治斗争，目的是使儒学成为唯一的官方正统学说。除了叔孙通给他们开了一个好局，当时的政治环境并不是特别有利。诚然，法家由于与秦朝的暴君联系在一起而受到冷落，而墨家由于某些不为人知的原因也丧失了"百家争鸣"时代的主流地位。但道家依然是儒家主要的竞争对手。在汉朝初年，道家思想在上层统治者之中非常流行。不仅大多数大臣偏爱道家，就连皇帝本人也对道家情有独钟，以至于将"无为而治"作为治国方略，并把道家的神秘主义作为自己的信仰。尤其是窦太后，作为道家的忠实信徒，整整影响了汉朝的三代皇帝，包括她的丈夫汉文帝，她的儿子汉景帝（公元前156—141年在位），以及她的孙子汉武帝。一直到公元前135年窦太后去世，道家在朝廷的影响才逐渐衰退。此后的汉代皇帝，包括伟大的汉武帝，虽然表面上倡导儒家学说，但内心依然相信道家的秘术。

然而，道家的法术虽然吹得天花乱坠，但最终并不能兑现，比如它所谓的长生不老药和仙岛最终证明都是假的。但在另外一方面，儒家学者也有他们自己的法术，而且比道家的法术更容易兑现，那就是虽然他

们不能保证皇帝长命百岁，却能保证皇帝长久地拥有绝对的权力。从这一点上说，由于儒家的封建学说曾经作为周天子权威的理论支撑，如今也适用于汉朝这种中央集权、君主专制的政治体制。例如，就像封建贵族必须对天子忠心耿耿那样，汉朝的大臣同样必须对皇帝忠心耿耿。又如，孔子为恢复周天子丧失的权力作出了种种努力，它们对汉朝皇帝巩固自己的权力同样具有借鉴意义。总而言之，尽管道家的神秘主义让野心勃勃、年轻有为的汉武帝心醉神迷，但儒家学说同样对他具有强大的吸引力。因此，汉武帝在继续关注炼丹术、巫术和长生术的同时，也不反对儒家学者在朝为官，希望他们提出有利于巩固大汉帝国的政策建议。

儒家在汉朝地位上升的第一个迹象，是公元前141年颁布了一项法令，规定非儒家学者不再担任博士。如前所述，博士是当时主管学术发展的官职。由于这项法令授予儒家学者在学术上的垄断地位，所以被视为儒学发展史上的一件大事。然而，尽管这项法令在朝廷上获得通过，但窦太后命令予以撤销。我们前面提到，窦太后是道家的信徒。于是，强势的窦太后与儒家学者之间爆发了激烈的论战，最终两败俱伤。但对儒家学者来说，幸运的是年老的窦太后将不久于人世。公元前136年，就在窦太后去世的前一年，儒家学说在另外一项法令中被正式宣告为国家的指导思想。

在其他学派的哲学家被免除博士之职后不久，儒家学者又重新设定了五种经典的博士。这五种经典是《易经》、《诗经》、《尚书》、《礼记》和《春秋》。随后，在公元前124年，在朝的儒家学者又提出了另外一项创新，那就是在汉朝的京师长安创办中国最早的大学——太学，目的是"传授圣王之道，为国家培养德才兼备的人才"。最初，太学的规模很小，只有50个学生跟随博士学习五经。但不久之后，太学得到了迅猛发展。到公元前1世纪末，它已经拥有了3000名学生。在随后的几百年时间里，这个数字还在继续扩大。到 2 世纪，它的学生数最高时达到了 30000 多名——这也许是所有大学中入学人数最多的。与此同时，其他各种学校也开始在偏远的地区建立起来。像太学一样，它们的宗旨也是以儒家经典培养年轻人成才。就这样，儒家学者把教育的主导权牢牢地抓在手中，从而控制着中国的知识界。在随后的两千年中，儒家学者一直在做这种努力。

提升儒学地位的另外一项重要措施是引入以五经为基础的考试制度。这种考试制度之所以起源于汉朝，是因为当时管理庞大的国家急需大量德才兼备的官员。这些官员的选拔有两个最重要的条件，一是学识，二是德行。之所以强调第一个条件，是因为这些官员至少应该能够读懂国家的法令和上奏书面的报告。对于这个条件以及其他的各种条件，很明显，没有人比学识渊博的儒家学者更适合担任官职。就这样，一个新的阶层——士大夫——出现了，他们取代了世袭的贵族阶级，几乎担任了大汉帝国所有的重要官职。

在热忱地宣扬儒学的同时，儒家学者试图将新官员的来源限定在儒家阵营内部。他们依靠巧妙的策略完成了这个目标，那就是将儒学经典定为唯一的考试科目。他们取得的第一个胜利，是汉武帝签署的一项新教育法令，规定太学的学生在跟随博士学习一年之后，必须通过以五经之一为基础的考试才能成为朝廷官员。这项法令的实施，为后人树立了一个先例。从此以后，中国的考试制度——这应该是世界上最早的——逐渐演变为读书人之间的激烈竞争，他们依靠对儒家经典的精通程度来获得相应的官职和品阶。通过这种方式，儒家学者牢牢占据着国家官僚体制中的垄断地位，与此同时，不管是好是坏，他们也牢牢控制着中国人的精神生活。

灾异之说

所有这些成功的创举都要归功于西汉早期的儒学大师董仲舒（公元前179年？—前104年？）。作为知识阶层在帝国会议上的代表，董仲舒多次向皇帝请求实行以孔子儒学为基础的教育制度——这是儒家学者的重要目标，我们在前面已经看到，这个目标最终实现了。但在这里必须指出的是，董仲舒所阐述的孔子儒学与孔子本人的学说已经相差甚远。极具讽刺意味的是，虽然儒学在此时获得了支配地位，但它的内容却开始变异。

虽然董仲舒是一位知名的学者，但在他的学生看来，难免显得有点自大。因为董仲舒讲课并不是与学生面对面，而是在课堂上挂一副帷幔，他在帷幔里面授课。与此同时，他要求他的听众严格遵守秩序和规矩。事实上，他是如此地难以接近，以至于新来的学生要获得早期学生的允许，才有可能幸运地见到这个充满威严的老师。除了严厉，董仲舒还以勤奋好学闻名。相传他早年读书非常刻苦，曾经"三年不窥园"。

至于这位大学者的学问，我们必须承认那是正统学说与异端思想的奇怪融合。总的来说，董仲舒在《春秋繁露》中所表现出来的哲学思想，明显具有阴阳学派的超自然主义倾向。例如，《春秋繁露》这本书是根据当时流行的信仰对孔子的《春秋》所作的富有幻想色彩的阐释，书中的有些章节实际上是祈求下雨或止雨的祈祷文。[①]

————————

① "汉代儒家思想最杰出的代表人物董仲舒，他那在历史上闻名的祈雨方法是：当他站在北门向过往行人喷洒水滴时，关闭城里一切朝南开的门，并禁止一切场所用火。"（胡适：《儒教在汉代被确立为国教考》，载于《亚洲文会北华分会杂志》（the North China Branch of the Royal Asiatic Society），1929年第60卷）。

在道德规范上，董仲舒提出了"五常之道"，即仁、义、礼、智、信；在政治理念上，他尤其强调君主与臣民之间的关系。在他所有的学说中，有些内容是正统的，比如他为君主的地位辩护，在理论上论证其合理性；但有些内容违背了儒学的传统，比如他的宇宙论，尤其是他相信自然现象与人类行为之间存在着对应关系。我们知道，孔子拒绝讨论这种形而上的话题，荀子也公开宣称要"明于天人之分"，但董仲舒故意把中国古代的迷信思想融入自己的学说。

董仲舒天人学说的核心思想可以简单地概括如下：天与人同类相通，相互感应，人类任何重大的善行或恶行都有奇特的自然现象与之呼应。例如，人类的恶行最终会引起火灾、水灾、旱灾、地震等自然灾害，甚至会引起彗星出现、日蚀、"妇女长胡须"等怪异现象。董仲舒将这种伪科学称为"灾异之说"。

然而，董仲舒并不满足于把这种学说仅仅视为"科学"的发现，而是将它进一步应用于政治事务。他声称，由于君主拥有巨大的权力，尤其应该善言善行，否则的话，天就会降下种种灾异来警告君主。在董仲舒看来，如果这些灾异出现，说明君主还有补救的机会；但如果君主无视这些不祥之兆，依旧我行我素，那么最终将会身败名裂，甚至国家灭亡。

虽然董仲舒在本质上是君主专制制度的拥护者，但他成功地设计出一种有效的方案，对帝王的绝对权力加以制约。我们很难说董仲舒是否真的将这种意图贯穿于他的学说——他曾经申明，写作《春秋繁露》的主要目的是"屈民而伸君，屈君而伸天"①——或者他仅仅只是反映当时流行的信仰。然而，有一件事可以肯定，那就是当时谶纬迷信之说盛行，迷信思想支配着上自皇帝、下至百姓的生活，即使连儒家学者也不

---

① 董仲舒：《春秋繁露》，四库备要版，卷一，《玉杯第二》，第7页。

能摆脱出来。

然而，不管董仲舒的动机如何，他的思想被后来的学者愉快地接受了，因为他们发现这是与君主的恶政作斗争的有效武器。纵然君主的权力是无限的，就像事实上所表现出来的那样，但他仍然必须顺从天意；天作为至高无上的神，它的意图很容易在异常的自然现象中看出来。因此，一旦出现不好的征兆，儒家学者就会迅速抓住这种天赐的机会告诫君主改正恶行。在很多情况下，他们成功地实现了某种改良；这都要感谢董仲舒这种极具创意的理论。

两次帝国会议

虽然儒家学派在政治上取得了胜利，并且创造出一种新的哲学，但与此同时，儒家学派内部就经典的解释问题爆发出激烈的争论。这些争论要么围绕新发现的文献展开，要么围绕原有经典文献的官方解释展开。对于后一种情况，争论主要集中在解释《春秋》的三"传"上，它们分别是公羊高的《春秋公羊传》、谷梁赤的《春秋谷梁传》以及左丘明的《左氏春秋传》。它们都是战国时代的作品。

这种争论时断时续，贯穿了整个汉朝。由于其过程过于复杂，所以不在这里详述。需要指出的是，在汉朝初年，春秋三传中只有《公羊传》被认定为权威。到了汉武帝时期，在《公羊传》专家董仲舒的影响下，公羊学达到了鼎盛。然而，随着时间的推移，《谷梁传》也开始赢得学者的支持，并最终在汉宣帝（公元前 73—前 49 年在位）时期获得国家的承认，设置了《谷梁》博士。又经过了一代人的时间，到了汉哀帝（公元前 6 年—前 1 年在位）和汉平帝（公元前 1 年—公元 5 年在位）时期，一场新的运动试图将《左传》也设为官方的研究科目，几经沧桑变迁，这种努力最终也获得了成功。但是，春秋三传究竟孰优孰劣，这种争论从汉朝一直延续到今天，依然没有结果。

为了解决这些学术上的分歧，汉朝分别于公元前 54 年和公元 79 年举行了两次帝国会议。第一次会议在汉宣帝时期召开，22 个杰出的学者参加了会议。这场会议持续了三年，也争辩了三年；最终在公元前 51 年，一场总结性会议在石渠阁召开，会议讨论的结果交给汉宣帝亲自裁决。谷梁学派正是在这次会议上，凭借汉宣帝本人的支持，成功地挑战了公羊学者的优势地位。大约 120 年之后，另外一场性质相似的会议在白虎观召开。会议由汉章帝（76—88 年在位）亲自主持，争论的双方是谷梁学派和左氏学派。虽然学者之间存在着众多的分歧，但他们最终成功地确定了儒家经典的官方解释。此后，汉代伟大的历史学家班固（32—92），将会议讨论的结果加以整理，写成《白虎通义》，为后人总结了汉代儒学的发展情况。

今古文之争

上面的叙述只是反映了儒家学者之间较小的冲突，更大的论战出现在今文学派与古文学派之间。总的来说，今文学派是指那些精通以汉代通行的隶书所写的儒家经书的学者；他们获得了官方的认可，基本上都担任经学博士官。他们在传授学问时注重师法、家法，保持着口头传授的传统。今文经学作为西汉时期的官学，长期占据着统治地位。直到公元 1 世纪，今文学派的权威才受到了当时著名学者刘歆（公元前 46—公元 23）的挑战。

刘歆的父亲刘向是谷梁派学者，曾经参加过著名的石渠阁会议。刘歆受命协助他的父亲整理皇家图书馆的图书，编制图书目录。最终他完成了这些工作，他所编制的目录成为我们了解古代图书情况的重要来源。在编制目录的过程中，刘歆有机会接触到皇家的秘藏书籍。在这些图书中，刘歆发现了曾经藏于孔子故宅墙壁中的古代经典，这些书当初由鲁恭王献给汉武帝。我们还记得，这些书都是用先秦时代的古文字所书写，对汉武帝时代的人来说，已经难以读懂，所以需要由专家来辨识。除了鲁恭王进献的图书外，刘歆还在皇家档案馆发现了其他以古文字书写的经典著作。这些书以前都没引起注意，尤其是《周礼》，据传是由伟大的周公所著，但实际上很可能是战国时代的作品，如果不是更晚的话。① 与此同时，刘歆第一次看到了《左传》，这本书在当时还相当冷僻。

刘歆大喜，把这些古文经书给博士们看，希望他们同意将这些经书也设为官学。但这些偏执的学者认为自己的权威受到挑战，拒绝接受这些意外发现的经书；相反，他们指责刘歆为了自己的利益伪造了经书。于是，刘歆与当时其他所有的学者展开了激烈的论战。随着论战的不断升级，刘歆害怕遭到这些有权势的博士们的报复，最终不得不向朝廷辞职。

然而，这种学术争论很快与政治事件搅在一起。不久之后，西汉外戚王氏家族中的王莽篡汉，建立了新朝（9—23），刘歆被封为国师。随着权力的提升，刘歆的夙愿终于得以实现。但是这种胜利就像王莽的新朝那样短暂，后者在公元23年就灭亡了。同一年，刘歆去世，由于他与篡逆的政权有密切的联系，所以死后成为一个颇有争议的人物。

但是，刘歆的死并没有终结儒家两大阵营之间长期的、断断续续的

① 有一种观点认为，《周礼》实际上是由刘歆所伪造，目的是证明王莽篡汉的合理性。但这种说法就像说《周礼》是周公所作那样不可靠。

论战。相反，这种论战在汉朝末年愈演愈烈，双方的分歧也越来越大。这种分歧不仅体现在对孔子著作的阐释上，而且还体现在对孔子本人的评价上。简而言之，今文学派将孔子视为无冕之王，认为他是世界的救世主，他的许多著作实际上是在为新的世界立法；而古文学派坚持认为孔子在本质上是一个圣人，他的主要贡献在于为后人留下了非常宝贵的文化遗产。在我们看来，前者的观点相当地牵强，但它在汉朝却不乏信奉者。我们已经看到，在孔子的学说中掺入其他学派的元素早在董仲舒那里就已经开始。此后，在当时盛行的迷信思想的刺激下，汉朝学者开始大规模地编造纬书，将它们作为经书的补充。因此，当时出现了大量的伪书，有些书将孔子描述成为后世立法的"素王"，而有些书将他描述为一个神，认为他是黑帝的儿子，天生就有许多神奇的魔力，包括预言未来的能力。就这样，这些汉朝的伪造者赋予了孔子神性（孔子本人曾经断然加以否认），试图将孔子神化，并将他的学说变成一种宗教。他们几乎获得了成功，直到受到古文学派的坚决反对，后者将这些观点视为纯粹的幻想。

也许正是因为今文学派这种严重的神秘主义，最终导致了它在东汉时期的衰微。自刘歆以后，许多学者开始对汉代盛行的谶纬迷信提出质疑。比如刘歆的同代学者扬雄（公元前53—公元18），他抨击阴阳家的思想玷污了孔子的学说。他还以调和孟子和荀子的人性论而闻名。在扬雄看来，人性既不纯善，也不纯恶，而是善恶的混合体，它的发展方向主要取决于环境。又如一代"通儒"马融（79—166），他学识渊博，遍注古文经典，曾经吸引上千名学生前来求学。郑玄（127—200）就是其中之一，据说郑玄对学问是如此地痴迷，以至于家中婢女谈话都要引用《诗经》。郑玄自己曾经跟随马融学习古文经，最终成为汉代经学的集大成者。他不像博士那样专攻一经，而是全面研读了所有的儒家经典，并且对每一种经都加以详细的注解。他视野开阔，兼收并蓄，无论

是古文经还是今文经，只要他认为是好的，都予以采纳。就这样，他完成了汉代经学的集大成，使已经持续了上百年的今古文之争暂时告一段落。

理性主义的声音

著名学者王充（27—约97）也生活在东汉时期。他或许是两汉最伟大的思想家。与当时那些汲汲于名利、戚戚于地位的学者不同，王充在乡间过着一种平静而简朴的生活。他自述说："贫无一亩庇身，志佚于王公；贱无斗石之秩，意若食万钟。① 得官不欣，失位不恨。处逸乐而欲不放，居贫苦而志不倦。淫读古文，甘闻异言。世书俗说，多所不安，幽处独居，考论实虚。"②

在"考论实虚"的过程中，王充撰写了大量的著作，其中最重要的是《论衡》。这本书无论在语言风格还是内容上，都是独一无二的。在语言风格上，它试图打破当时堆砌华丽辞藻的文风；在内容上，它对汉朝盛行的谶纬迷信进行了批评。在这部名著中，各种虚妄之言都遭到了批判。通过敏锐的观察和严密的论证，王充对诸如灾异、鬼、占卜之类的各种迷信思想进行了清算。他尤其严厉地批评了儒家学者的神秘主义思想。他反对将人事与异常的自然现象联系起来，而是试图用当时的天文学知识予以理性地解释。例如，他认为在一般情况下，月蚀大约每6个月出现一次，而日蚀大约每41或42个月出现一次。他断言："日蚀

① 1钟相当于4配克。
② 王充：《论衡》，四库备要版，第三十卷，《自纪第八十五》，第2页。

和月蚀的出现都是有规律的，与政治活动无关。"① 在王充看来，所有的自然灾异现象都应作如是观。

王充尤其反对董仲舒的天人感应观。相反，他坚持认为，天既没有嘴巴也没有耳朵，既听不到人的祈祷也无法回答人提出的问题。因此，王充推断说："人民居土上，犹蚤虱着人身也。蚤虱食人，贼人肌肤，犹人凿地，贼地之体也。蚤虱内知，有欲解人之心，相与聚会，解谢于所食之肉旁，人能知之乎？夫人不能知蚤虱之音，犹地不能晓人民之言也。"②

根据同样的道理，王充驳斥了当时流行的另外一种观念，即认为人是世界的中心。在王充看来，这个观念是错误的，人生活在宇宙之中就相当于虱子在人的衣服之中或蚂蚁在小山的缝隙之中。虱子和蚂蚁也许会乱跳乱爬，但它们的运动能改变周围空气的流动吗？如果说虱子和蚂蚁不能的话，那么人又凭什么以微小的存在和微弱的行动影响自然现象呢？③

在揭露当时流行的错误观念的同时，王充也把批评的矛头指向历史上的虚妄夸大之言。他以直率而大胆的言辞，驳斥了历史上许多充满幻想色彩的传说和没有事实根据的论断。他批评道家所谓的长生术是一种骗术；他指责韩非对儒家学者的讽刺完全是诽谤。尽管王充自身是儒家学者，但他却敢于批评孔子。他认为即使像孔子这样的圣贤，他们的说法也有很多自相违背的地方，他们的文章前后也有很多矛盾之处。孟子也受到了他的质疑，他批评孟子的推理存在缺陷。总之，作为无神论者，王充认为除非通过可靠的推理和内在的逻辑证明其价值，否则任何权威都是靠不住的。

---

① 胡适：《禅宗中的"汉代儒学"》，《中国文化论文集》，第 46 页。
② 王充：《论衡》，四库备要版，第二十四卷，《解除第七十一》，第 5 页。
③ 同①，第 46 页。

总而言之，王充作为当时有影响力的批评家，在很大程度上已经成功地驳倒了汉代盛行的迷信思想——至少是知识分子的迷信思想。他因而有助于古文学派所开展的将阴阳思想清除出儒家哲学的运动。正如前面所提到的，在汉代早期的著作中，阴阳思想已经渗入儒学。因此，王充的著作对儒学的发展具有重要的影响。在加速戳穿今文学派那些荒诞之言的同时，王充也有助于摘去长期以来罩在孔子头上的神圣光环，还原孔子是中国最伟大的圣贤的本来面目。

孔子的神圣化

尽管王充试图还原孔子的本来面目，但几百年来，将孔子神圣化的努力从未中断，在汉朝是如此，在以后的朝代也是如此。公元59元，东汉的第二位皇帝汉明帝（58—75年在位）命令在太学以及郡县学祭祀孔子，从此，朝廷及地方政府都要在学校中祭孔。这明显是将孔子塑造为教育的守护神。与此同时，孔子在曲阜的旧宅也成为朝拜的圣地，好几个皇帝曾经前来祭孔。祭孔典礼最初只是祭祀孔子，后来也祭祀孔子的72个弟子。公元72年，汉明帝前往曲阜的孔庙祭祀孔子，据说在典礼上第一次引入了音乐。

汉朝灭亡以后，中国陷入了长期的分裂和动荡。在此期间，儒家学说在某种程度上失去了对知识分子的控制力，很多人转向道教和佛教来寻找精神寄托。然而，儒家信徒对孔子的神圣化也在加速地进行，希望以此来对抗其他的竞争性学说。他们参照道教和佛教的例子，开始将某些宗教元素引入到孔子崇拜中。公元178年，他们开始尝试用孔子画像来取代简单的牌位。公元505年，木雕的孔子像开始出现。就在同一年，在南梁的都城南京兴建了第一座纪念孔子的庙宇。半个世纪之后，孔子庙几乎遍布了整个国家的各个县城。与此同时，一套完整的祭孔典礼也制订完成。当唐朝的统治者在公元7世纪重新统一中国时，孔子崇拜已经完全建立起来了。

与孔子的神圣化相伴而来的是对孔子家族的赐封。孔子本人在公元1世纪被追封为褒成宣尼公，后来在8世纪被加封为文宣王。他的祖先同样也受到追封，而他的直系后裔成为世袭的侯爵和公爵。凭借着皇帝赏赐的土地、财产和爵位，孔子家族——这是世界上最伟大、最尊贵和最古老的家族——的后人能够保持他们的圣贤祖先所创造的亦学亦仕的传统，使孔子家族几千年来依然声名显赫。

然而，在我们看来，使孔子名垂千古的最好办法是将孔子的经典著作刻在石碑上，以此来永久纪念孔子的伟大。由于传统的存储介质，如竹简、绢帛和纸张容易腐烂，随着时间的流逝容易导致各种文本之间的争议，因此有必要找到一种更可靠的介质来保存孔子那些伟大的著作。其实这项工作在东汉就已经开始。公元2世纪，以嗜酒而闻名的著名学者蔡邕（133—192）开始尝试将经典刻在石头上。由于这项工作非常艰辛，所以蔡邕没有饮酒，而是非常清醒地用红笔将五经的权威文本写在46块巨大的石碑上，然后再由工人雕刻。等全部刻好以后，这些石碑全都立在都城洛阳的太学门外。据说，它们的残块直到今天依然存在。

从那以后，将经典著作刻在石头上的工作多次进行。到了后来，刻字的范围逐渐扩展到了儒家的十三经。① 这些石刻的著作，尤其是公元837年刻于唐朝都城长安的碑刻，有一部分历经岁月的洗礼一直保存到今天。

———————————

① 这十三部经书分别是：《易经》、《尚书》、《诗经》、《周礼》、《仪礼》、《礼记》、《左传》、《公羊传》、《穀梁传》、《孝经》、《论语》、《孟子》、《尔雅》。

最终，随着木活字印刷术的发明，儒家经典从此摆脱了被湮没的命运。公元953年，中国出现了第一套印制的儒学权威版本，这项庞大的工程花了21年的时间才得以完成。从此以后，无数的印制图书相继问世。就这样，孔子的学说最终有了无数的文本，也有了无数的注解和阐释，它们成为中国图书馆藏书中最重要的组成部分。

第九章

中国思想的交汇

儒学简史

来自“西方世界”的曙光①

虽然儒家学派在东汉取得了巨大的胜利，但与此同时，一种新的人生哲学开始在民众中流行，它注定成为儒学的可怕对手。然而，佛教的创始人并不是中国人，而是印度王子乔达摩·悉达多。巧合的是，他与孔子生活在同一时代。佛教最早起源于印度北部，随后开始传播；经过一段时间的发展，它于公元前 3 世纪传入了中亚的希腊——巴克特里亚王国。在那里，中国人第一次接触了这种外国宗教；它将和道教与儒家那样，对中国人的生活产生巨大的影响。

据史料记载，东汉的汉明帝不仅是孔子崇拜的推动者，即下令在太学和全国郡县学中祭祀孔子，而且也是推动佛教在公元 1 世纪传入中国的重要人物。有一个很有名的故事说，有一天，汉明帝梦见一个金人，在金人的周围围绕着一个光芒四射的光圈；后来，汉明帝听从太史官的建议，派遣使者去新近才建立邦交的“遥远的西方国家”请佛。公元 67 年，使者在中亚带回了大量的佛像、经文以及二位印度高僧。汉明帝在洛阳郊外建造了一座白马寺，作为二位高僧翻译佛经的场所。他们最初翻译的是《四十二章经》，这是由印度文翻译成中文的第一部佛经。

有了这个良好的开端，佛教在中国的“中世纪”得到了广泛地传播。此时的中国四分五裂，外敌入侵、内乱不已，儒家学者对政府的控制力已经大幅削弱。到了 4-5 世纪，无论在南朝还是北朝，佛教都获得

① 对那时候的中国人来说，“西方世界”是指印度和中亚这些佛教盛行的国家。

124

了迅猛的发展。结果，大量的中国人接受了这种外来的宗教。据说在中国西北的民众中，一度十有八九都信奉佛教。在这些信徒中，有些人开始听从佛教徒的命令，而有些人，如著名的僧人法显（5 世纪），经过长途跋涉，前往佛教的发源地印度汲取智慧。

公元 517 年，在南朝的梁武帝统治期间，第一部佛教经典的总集——大藏经问世。梁武帝本人也笃信佛教，甚至想要皈依佛门，所以两次放弃豪华的宫殿进入寺庙出家当和尚，但两次都被他的大臣以大量的金钱从寺庙中赎回。几年以后，86 岁的梁武帝被叛乱的将军囚禁起来，活活饿死。对于梁武帝的悲惨结局，儒家学者嘲笑说，梁武帝向他的大臣宣传佛教是如此地有效，以至于他们不愿意再骑上战马为他而战。

在中国漫长的"中世纪"，之所以有那么多的人信奉佛教，原因其实不难找到。其中一个原因，那就是佛教许诺普度众生，因此被认为是来自"西方世界"的曙光，给所有受苦受难的人带来希望；与此同时，它描绘了修持成佛的"三十二相"这种美好的生活图景。换句话说，它给数百万饱受战乱和贫困的民众带来了慰藉和鼓励。虽然儒学有重要的政治伦理学说，但这种超脱尘世的信仰恰恰是它所缺乏的；作为一种中国人的人生哲学，儒学无法满足处于动乱和迷茫中的人们的精神需求。因此，佛教很自然地前来为饱受苦难的人们提供期盼已久的宗教慰藉。

对佛指骨的抨击

然而，这只是问题的一个方面。在另一个方面，必须指出的是，佛教作为一种宗教，在本质上与中国的优秀文化传统是不相容的。在儒家学者看来，这种外国宗教是极不道德的，因为它有很多反社会的做法，如独身、禁欲和自残。例如，据史料记载，许多狂热的佛教徒一边念着佛祖和菩萨的名字，一边焚烧自己的手指、手臂甚至自己的身体，希望以此得到超度。这些违背中国传统的做法自然引起了正统人士的愤慨。以孝道著称的曾参曾经说过："身体发肤，受之父母，不敢毁伤。"所以对他们来说，爱护自己的身体是神圣的使命。毫无疑问，儒家信徒对这种"野蛮的"信仰在全国的泛滥是如此地惊恐，以至于对他们进行了不遗余力的抨击。

对佛教最有名的抨击来自于韩愈（768—824）。韩愈是唐朝伟大的诗人和散文家，被后人尊为"百代文宗"。作为一名儒家学者，韩愈特别推崇孟子。虽然孟子在当时只是被视为众多儒家学者中的一位，但韩愈却把他升格为"亚圣"。在《原道》这篇著名的文章中，韩愈写道：尧以是传之舜，舜以是传之禹，禹以是传之汤，汤以是传之文、武、[1]周公，文、武、周公传之孔子，孔子传之孟轲，轲之死，不得其传焉。[2] 事实上，这是将孟子置于仅次于孔子的地位。从此以后，孟子的新地位逐渐被学者们所接受，孟子的著作也成为儒家经典之一。

在韩愈看来，儒家之道衰落的主要原因是道教和佛教这些"异端邪说"的盛行。他指责道教徒和佛教徒抛开天下国家，灭绝天性，从而导致"子焉而不父其父，臣焉而不君其君，民焉而不事其事"。[3] 对于这些恶果，韩愈作为孟子之后最重要的卫道者，主张将所有的佛经道书全部烧掉，把佛寺、道观变成平民的住宅，将和尚、道士和尼姑还俗为民。韩愈声称，只有这样，"鳏寡孤独废疾者有养也"。[4] 也就是说，只

---

① 关于这些圣王，参见附录一：中国历史分期表。
② 韩愈：《韩昌黎全集》，四库备要版，卷十一，《原道》，第4页。
③ 同上。
④ 同上，第5页。

有清除掉外来宗教的消极影响，儒家的大同理想才有可能得以实现。

　　韩愈尤其令人钦佩的是敢于单枪匹马地挑战当时的信佛狂潮。由于唐朝的皇帝大多数是道教或佛教的支持者，所以当时的宗教迷信思想非常猖獗。元和十四年（819），唐宪宗（806—820 年在位）准备将释迦牟尼的佛指骨舍利从凤翔迎入长安宫中供养。韩愈得知后，成为唯一一位站出来加以谏阻的朝廷官员。在给皇帝的上表中，他首先指出佛教起源于夷狄之国，随后斥责它的创始人是来自于西方国家的"野蛮人"；这个"野蛮人"既不说中国话，也不穿中国服装，而且也不懂得君臣之义、父子之情。接下来，他详细阐述了皇帝如果相信佛骨有灵可能带来的种种危害,[1] 并把迎请和敬奉佛指骨这样的行为认定为"伤风败俗，传笑四方"。最后，他建议皇帝将佛指骨扔进火里或水里，永远灭绝佛僧这个骗人的根本。此外，韩愈补充说："佛如有灵，能作祸祟，凡有殃咎，宜加臣身，上天鉴临，臣不怨悔。"[2]

　　极具讽刺意味的是，韩愈的上表没有触怒外国的佛祖，而是激怒了当朝皇帝。愤怒的唐宪宗最初要用极刑处死韩愈，幸亏朝中的友人为他求情，最后才免除死罪，被贬官到南方的蛮荒之地潮州。[3] 此时的潮州还未开化，土著居民愚昧无知，瘟疫横行。然而，这并没有使韩愈意志消沉。在这里，他再次拿起笔与另外一种庞然大物展开了斗争——这次是鳄鱼，它们吞食着在河边经过的家禽、牛羊和行人。为了对付这种可怕的爬行动物，韩愈写下了著名的《祭鳄鱼文》，其中的言辞是如此地令人畏惧，以至于这些作恶多端的怪物很快消失在无边无际的大海之中。

---

　　[1]　例如"焚顶烧指，百十为群，解衣散钱，自朝至暮，转相仿效，惟恐后时，老少奔波，弃其业。……必有断臂脔身以为供养者。"韩愈：同上，卷三十九，《谏迎佛骨表》，第 5 页。
　　[2]　同上。
　　[3]　现属于广东省，在汕头市以北。

《儒学简史》

然而，韩愈对儒家信仰的捍卫并不是完全没有成效，虽然他自己并没有活到胜利的那一天。公元845年，就在韩愈去世约二十年之后，唐朝的另一位皇帝唐武宗（841—846年在位）下令全国所有的寺庙限期拆毁。作为这次灭佛运动的结果，全国有4600所寺庙被拆毁，40000所僧居被拆除，265000个僧尼被强迫还俗。这对佛教来说是多么沉重的打击啊！然而，即使如此，佛教没有完全灭绝，就像在唐朝传入中国的其他宗教，如景教、祆教和摩尼教那样。[1] 在这里，必须指出一个有趣的历史事实，那就是推动此次灭佛运动的背后力量，并不是来自于儒家，而是来自于道教，因为唐朝的很多皇帝，包括唐武帝，都是道教的信奉者。

两位好友之间的大辩论

韩愈是他那个时代学者的典型代表：忠心耿耿，直言不讳，对异端思想不能容忍。而他的朋友柳宗元（773—819），虽然也是传统的儒家学者，而且也是著名的诗人和散文家，但显然属于另外一种学者类型。虽然两人在个人生活上建立了深厚的友谊，但在学术理念上，两人的分歧很大。柳宗元不像韩愈那样，对佛教持坚决批判的态度，而是体现出一种新的学术取向，即开始寻求在哲学上的妥协和融合。这种"统合儒佛"的学术取向起源于唐朝，在随后的宋朝达到高潮。这种折衷的倾向

[1] 景教由著名的君士坦丁堡主教聂斯脱里在5世纪所创立，于635年第一次传入中国，其名有"光明辉煌"之意。1625年出土的景教碑，最初由景教教徒于781年立于唐朝首都长安的大秦寺。祆教是古代波斯帝国的国教，由先知琐罗亚斯德所创立。而摩尼教由摩尼在3世纪所创立。祆教和摩尼教在7~8世纪传入中国。这三种宗教被中国人合称为"三胡教"或"三夷教"。

其实也是中国思想的典型特征，应用到哲学上，表现为试图寻找儒、道、佛这三种伟大的学说之间基本教义的相似性，如果不是同一性的话。

毫无疑问，这两位好友都对迷信深恶痛绝。像博学多识的韩愈一样，柳宗元也反对僧人"髡而缁，无夫妇父子"。① 然而，柳宗元与韩愈的不同之处在于对佛教更加宽容，他能发现这种外来宗教中藏在宗教外壳下的合理内核，并且能找到它与儒家学说的诸多相通之处。事实上，柳宗元相信佛教中的许多信条都非常符合人性，而且与儒家经典中的行为准则相契合。与此同时，柳宗元指责韩愈因为佛教起源于"夷狄之国"而对佛教怀有偏见。在柳宗元看来，如果持有这种观点，"则将友恶来、盗跖，而贱季札、由余乎？非所谓去名求实者矣。"②

此外，柳宗元赞扬了他的僧人朋友，认为他们中有些人都是性情平和、淡泊名利的优秀学者。他还发现大多数僧侣都喜欢过一种寄情于山水的简单生活。他接着写道："吾病世之逐逐然唯印组为务以相轧也，则舍是其焉从？"③ 很明显，这一方面说明柳宗元不像大多数同僚那样汲汲于官位，另一方面也说明甚至儒家学者也快要成为遁世者了。

"复性"

行文至此，我们不禁要问：佛教的学说究竟有什么过人之处，能够

---

① 此外，僧人"不为耕农蚕桑而活乎人"。柳宗元：《柳河东全集》，四库备要版，第二十五卷，《送僧浩初序》，第10页。

② 同上。

③ 同上。

吸引柳宗元这样的著名学者？为了回答这个问题，我们首先必须区分佛教的两个方面，即它的哲学内核与它的宗教外壳。中国有些知识分子，比如王充，曾经向本国人民的迷信思想宣战，所以很自然地，他们会对信奉外国宗教的狂热行为投以冷眼。但这只是问题的一个方面，在另一个方面，用柳宗元的话说，"是知石而不知韫玉也"。事实上，就佛教哲学而言，即使它的顽敌韩愈，也没有进行太多的批评。正如我们所看到的，他的批评主要是针对迷信的盛行以及佛教戒律所带来的反社会后果。因此，他所反对的并不是佛家思想自身。相反，后来有学者怀疑，甚至韩愈自己也不自觉地在他的人性观上借鉴了一部分佛家思想。

这种借鉴可以在韩愈的另外一位好友李翱（大约死于844年）的著作中看得更清楚。像韩愈一样，年轻的李翱也是儒家之道的忠实捍卫者。在《复性书》中，李翱重申了韩愈的道统论，并且希望自己成为道统的传承者。他将道定义为"至诚而不息者也"，并且说，"有问於我，我以吾之所知而传焉，遂书於书，以开诚明之源，而缺绝废弃不扬之道，几可以传於时"。①

然而，李翱作为辩护士的意味似乎浓于卫道士。他没有直率地批评佛教和道教，而是表现出一种更加折中调和的态度。他声称，佛、道这两种非正统的哲学其实并没有什么新的东西，它们的精华都可以在儒家教义中找到。他以当时学者都非常感兴趣的性命之道为例。鉴于同代学者都求助于老子和佛陀的经典来解释这个问题，李翱宣称，儒家经典作家对这个问题早就有定论了。为了论证这个观点，他仔细搜寻了儒家经典中与佛家和道家观点相匹配的篇章，并按照正统的观念得出结论。通过这种方式，李翱发起了一场非常重要的运动，即借鉴所有的思想资源来构建新的人性论和宇宙论。这种学术路向被后来的哲学家所遵循。

---

① 李翱：《李文公集》，四库备要版，卷二，《复性书上》，第9页。

这也意味着中国的各种思想开始融合。在这里,李翱为后人树立了一个先例。也就是说,后来的学者可以像李翱那样从儒家经典中寻找资源,来解决新时代的学者所普遍感兴趣的形而上和超道德的问题。对这些"道"的探求者来说,尤其有用的是《易经》和《易传》、《大学》、《中庸》以及《孟子》。所有这些著作由于具有丰富的哲学思想,所以在学者的眼中变得日益重要。此外,作为这种新趋向的结果,儒家学者还大量地借鉴佛家思想来构建自己的新哲学。

静 观 与 开 悟

与此同时,佛教就像所有的外国宗教那样,在本土化的过程中经历着巨大的变化。由于中国的思想家对这种外来的宗教并不完全精通,所以他们很快发展出自己的学说。他们的学说与印度高僧早期传入中国的学说存在着很大的差别。在这些新的宗派中,禅宗对中国文化产生了相当大的影响。"禅"是梵语"禅那"的音译简称,意思是"静虑"。这个宗派的创始人据称是印度高僧达摩(菩提达摩),他在南朝梁武帝时期来到中国。有一个很有名的故事说,非常有智慧的达摩曾经站在一根芦苇上渡过了宽阔的长江;另外一个故事更加神奇,它声称在达摩眼皮落地的地方长出了茶树,从此中国人有了喜欢的茶饮。据说达摩还曾说过这样的名言:"以心印心、不立文字。"① 因此,禅宗的四句箴言是:

1. 教外别传。

2. 不立文字。

---

① 冯友兰:《中国哲学史》(中文版),下册,第772页。

3. 直指人心。

4. 见性成佛。①

除了传说中的创始人，禅宗的传承完全是中国化的。因此，它比印度佛教具有更多的中国特色，比如它强调直觉和顿悟，它放弃了印度佛教中的轮回观念，以及它对宗教神学和宗教仪式的普遍漠视。作为一种新的中国佛教宗派，禅宗摆脱了原有的繁文缛节、咒语、符咒以及佛教神灵。后面这些东西被迫转入地下，与中国固有的宗教元素混合起来，组成了一张巨大的迷信网，迄今仍对中国人的思想产生影响。

禅宗演变的历史非常复杂，这里难以详述。简而言之，它主要分化为南宗和北宗两大派别。其中南宗影响力更大，也更为兴盛。南宗的创始人是禅宗六祖慧能（638—713）。他之所以被禅宗五祖选为接法人，主要是因为他所作的一首佛偈概括出了禅宗教义的本质。相传，五祖的年长弟子神秀（死于706年）曾经被视为最有可能继承五祖衣钵的人，他写下了这样的佛偈：

身是菩提树，

心如明镜台。

时时勤拂拭，

莫使惹尘埃。

然而，尽管慧能目不识丁，甚至连自己的名字也写不好，但对神秀的佛偈并不满意。他灵机一动，即兴创作了下面的佛偈：

菩提本无树，

明镜亦非台。

本来无一物，

---

① 铃木：《禅学随笔》（Suzuki：*Essays on Zen Buddhism*），第1集，第7页。

何处惹尘埃？①

这首佛偈被认为比神秀的更加优秀，因为它更加契悟佛意。慧能因此被立为禅宗的六祖。然而，这并不能阻止神秀开创禅宗的北宗。从此，南北两宗相互并立，相互竞争。

唐朝最出色的佛教学者是华严宗五祖宗密（780—841）。宗密早年曾经非常刻苦地学习禅宗思想。后来在他所著的禅学著作中，将禅宗与其他佛教宗派进行了详细地比较。他还全面地研究了有关人的本源问题的各种理论。在《原人论》中，他虽然认为儒道二教都有各自的缺陷，但也承认它们包含着某些真理。事实上，宗密试图以佛教的立场将儒、道、佛这三种伟大的学说统一起来。他所讨论的性情、心识以及宇宙的本源都对后来的儒家理论家产生非常重要的影响。因此，一方面，宗密为后人总结了唐代的佛教思想，另一方面，尽管他是一位佛教学者，却为宋明时代新儒家的兴起铺平了道路。

以天地为栋宇

作为中国思想史上另外一个重要的学派，道家在老、庄以后的几百年间也在经历着巨大的变迁。总的来说，哲学上的道家再也未能重现东周时期的辉煌。不可否认，在汉朝初期，在淮南王刘安（死于公元前122年）的支持下，道家曾出现过短暂的复兴，但很快它就沉沦下去，与阴阳学派的超自然思想结合起来，开始寻求长生不老药、鬼神崇拜、

① 参见弗朗西斯·魏：《中国文化的精神》（Wei, *The Spirit of Chinese Culture*），第110页。

占卜、炼金术以及驱魔术，这样它就演变成宗教意义上的道教。此时，它与哲学上的道家从根本上说已经大不相同，在许多方面甚至截然相反。

作为一种真正的宗教，道教在东汉时期才获得发展。当时有一个人叫张陵（34—156），他声称懂得长寿之道并能治愈各种疾病，创立了所谓的五斗米道（因入道者须交五斗米而得名）。当时恰值政治混乱和社会解体，所以他很容易吸引到大批的皈依者。它从中国西部传播到全中国，逐渐与当时其他的迷信团体结合起来，最终形成了道教。此后，张陵的继承者都被尊称为天师，受到农民甚至帝王的膜拜。

尽管老子与这种新的宗教只有名义上的联系，但他的《道德经》如今却被尊为道教的经典，他本人也被尊称为太上老君。正如我们所看到的，这种运动与孔子的神圣化是异曲同工的。然而，儒家学派的追随者并没有成功地使儒家成为宗教，也未能使孔子成为神，而道教的信奉者却成功地使老子成为名义上的宗教领袖。从此以后，由于哲学上的道家与道教混合在一起，从而引起了很大的混乱，人们难以把两者区分开来，就像难以从合金中分离出黄金那样。

当然，这并不意味着道家哲学已经终结。它仍然在大量的注释性和评论性著作中存续下去。事实上，对道家哲学最好的注解出现在公元3世纪，此时出现了王弼（226—249）的《道德经注》和向秀（约221—300）的《庄子注》，其中后面这本注最终由郭象（约死于312年）所完成。另外需要注意的是，许多道家作家，如何晏（死于249年）和王弼，开始用道家的观点来解释《易经》，从而侵入了儒家学派的领地。例如，王弼把《易经》视为道家的经典，而何晏走得更远，他甚至用老子和庄子的观点来解释《论语》。当然，这有益于儒家思想和道家思想的交汇与调和；但说来也奇怪，后来的儒家学者居然接受了他们对儒家学说的阐释。

134

然而，这两个学派之间的对抗并没有到此结束。它们在基本教义上的不相容，表现为许多道家隐士都反抗当时的道德规范和社会习俗。在这里举一个例子：在动荡的 3 世纪，此时的中国战争不断，政治混乱，在北方出现了一个自称为"竹林七贤"的道家学者群体。尽管他们中有些人曾经沉浮于宦海，但他们都把"无为"视为人生最大的美德，都鄙视儒家卫道士所提倡的名教。他们并不想着为国效力，而是沉溺于喝酒、纵歌，他们醉酒的时候往往多于清醒的时候。他们把自然作为唯一的崇拜对象，寄情于山林——所以得名为竹林七贤。

阮籍（210—263）是竹林七贤中最有名的代表。他曾经在母亲的葬礼上喝酒和弹琴，以这些夸张的手段来排斥当时的礼法名教。他鄙视正派人士的道貌岸然，常常以头发凌乱、衣冠不整的形象示人。这样的性格自然使他厌恶当时学者的浮夸不实之风。他曾经写了一篇《大人先生传》，对这些学者进行讽刺。他嘲笑这些人在行为上矫揉造作、目光短浅、谨小慎微，在信仰上保守固执。阮籍写道："且汝独不见夫虱之处乎裈中，逃乎深缝，匿乎坏絮，自以为吉宅也。行不敢离缝际，动不敢出裈裆，自以为得绳墨也。饥则啮人，自以为无穷食也。然炎丘火流，焦邑灭都，群虱死于裈中而不能出。汝君子之处区内，亦何异夫虱之处裈中乎？"[1]

竹林七贤中另外一位名士刘伶（约 221—300），以嗜酒如命而闻名。他曾经在热情洋溢的《酒德颂》中为自己的嗜酒辩护。他经常坐着鹿车到处游玩，车子后面常常跟着两个仆人，其中一个手里抱着一坛酒，而另一个提着一把锄头。刘伶说："如果我醉死了，便就地把我埋葬。"作为裸体主义的早期提倡者，刘伶经常在自己的屋里脱光衣服喝酒。当有客人对此表示惊诧时，刘伶带着醉意反驳说："我以天地为栋

---

[1] 冯友兰：《中国哲学史》（中文版），上册，第 616 页。

宇，屋室为裤衣，诸君何为入我裤中？"①

不可否认，这些名士的古怪行为只是混乱时代的异常表现。随着时代的发展，他们的风尚很快消逝了。在随后的几百年中，道家与儒家之间并没有产生尖锐的冲突，反而共同遭遇了一个新的竞争对手——佛教。从那时起，道教与佛教之间开始了长期的斗争。这两种宗教有许多的共同点，但也有许多针锋相对的地方。尽管它们相互之间大量地借鉴——佛教借鉴道教的语言，而道教借鉴佛教的仪式——但并不能完全调和。为了争夺最高权力，两者斗争了几百年。在唐朝，道教信徒一度非常得势，因为唐朝的皇帝姓李，而道教的祖师爷老聃也姓李。因此，这位道家的创始人被追封为"太上玄元皇帝"，不仅位列于佛陀之前，也位列于孔子之前；同时，道教被提升为国教，《道德经》及其注解被其中的一个皇帝下令刻在全国道观的石碑上。与此同时，儒家学者对官僚机构的垄断被道教信徒所打破，他们中许多人开始进入政府部门和学术机构。

然而，皇帝的支持并不能阻止道家从形而上的哲学沦落为庸俗的宗教信仰。经过几个世纪，道教和佛教一样，不可避免地趋向没落。事实上，两者在宋朝已经完全衰落了，它们的精华被儒家学者所汲取，用来构建一种新的哲学。随着新儒家的兴起，作为哲学理论的佛教和道教被敲响了丧钟。就这样，几经沧桑变迁，儒家学派最终成为统治中国思想界的唯一重要学派，而它的竞争对手，最终只能与迷信为伍。

---

① 刘义庆：《世说新语》，四库备要版，下卷，《任诞第二十三》，第 29 页。

第十章

中国哲学的融合

向宋朝哲学家致敬

中国哲学史上有两个伟大的时代——周朝和宋朝，但这两个时代所取得的成就明显是不同的。周朝是中国思想突然迸发的时代，诸子百家竞相争鸣；而宋朝是中国思想成熟的时代，宋朝的学者构建了一种更加成熟、更加完整、也更加丰满的哲学体系。在随后的 700 多年中，这种哲学体系将成为中国知识界的主导力量。这种思想的果实是由儒家学者所创造的。由于他们精通佛教和道教思想，所以能将以伦理学和政治学为主的正统学说进一步向宇宙学和形而上学拓展。限于材料的不足（因为这些学者把自己限定在儒家经典之内），他们在试图阐释自己所构想的宇宙生成论和人性论时遭遇了巨大的困难。因此，应该向这些宋朝的哲学家致敬，因为他们最终成功地建构和阐述出这样一种思想体系，能够长期满足中国人的追根究底之心，直到近代中国西方思想的输入。

安乐窝

在介绍这种新哲学之前，让我们暂时停下来了解一下创造这种哲学的伟大人物。我们首先要介绍的是邵雍（1011—1077）。他虽然贫穷，却生活得很快乐。他的朋友们为他在洛阳郊外购置了一个园宅，是一个小屋带一个花园，从此邵雍有了遮风挡雨的地方。他把这个隐居之所称

为"安乐窝",并自号为"安乐先生"。对这个贫穷的哲学家来说,这个园宅是一个理想的居所。吃着自己种的水果和蔬菜,喝三四杯酒增加一些雅兴,思考思考形而上学的难题,读读书或偶尔会会朋友,邵雍除此之外别无他求。

邵雍的许多朋友都很优秀。他们中有些人雄心勃勃地想要振兴国家,改善社会,以及追求道德的完美;而另外一些人更有哲学家气质,他们渴望探明深不可测的宇宙奥秘。他们中有诗人、散文家、史学家、哲学家和政治家,其中两个人政绩显赫。然而,当时的政治环境相当险恶,以宰相王安石为首的激进改革派正在大规模地推行"新政"。为了躲避政治迫害,邵雍的朋友们都退到了离都城开封不远的洛阳。例如,作为邵雍好友之一的司马光,曾经担任保守派的领袖,他与王安石无论在政治问题上还是学术问题上,都展开了激烈的辩论。我们必须承认,作为激进思想家的王安石,同时也是杰出的儒家学者。因此在我们今天看来,他们之间的争斗,仅仅是儒家学派内部两大阵营之间的争论。作为政府机构的垄断者,他们无论在政治措施上,还是在儒家经典的阐释上,都展开了激烈的争辩。

在安乐窝的拜访者中,除了政治家、史学家司马光,还有许多有前途的学者和崭露头角的哲学家。在这里只例举其中的几个。比如张载(1020—1076),曾经在开封相国寺设虎皮椅讲《易经》;又如程氏兄弟,哥哥程颢(1032—1085)温文尔雅,弟弟程颐(1033—1107)生气勃勃,他们都是潜心于哲学研究的优秀年轻学者。就这样,主人与这些客人常常秉烛夜谈,讨论当时知识界的热点问题,从而发起了新儒学运动。

太极图

对新儒学运动起推动作用的哲学家，除了邵雍及其好友，还有宇宙学家周敦颐（1017—1075）。周敦颐虽然不在邵雍的好友圈，但与他们并不是没有联系。事实上，他是程氏兄弟的老师。尽管他比邵雍小6岁，却被视为新哲学的创始人。他与邵雍、张载一起，构成了北宋理学的三大奠基人。因此，在我们讨论其他学者之前，让我们先来了解一下周敦颐。

周敦颐对新儒学的主要贡献是引入了道家的太极图。据传，太极图最初由活跃于10世纪的道家学者陈抟所创。经过一系列可以追溯的传承，太极图最终传到了周敦颐手中。周敦颐对太极图略作修改，将它作为自己宇宙论的基础。在名著《太极图说》中，他对太极图进行了详尽的解释。随后，他将这本著作传给了他的学生程氏兄弟，再由程氏兄弟传给自己的学生，最终传到了朱熹（1130—1200）手中。在朱熹那里，宋朝的理学达到了顶峰。

不论太极图的起源如何，周敦颐对它的解释无论在内容上还是要旨上，都是完全正统的。正如前面所指出的，作为卜筮之书的《易经》原本是儒家的经典，后来也成为沟通儒、道两家学说的桥梁。例如，术语"太极"，来源于《易经》中一个晦涩的篇章，而周敦颐宇宙论中的其他概念，如阴阳和五行，早就由董仲舒等汉朝哲学家引入儒家哲学。

作为理解新哲学的必要知识储备，周敦颐的《太极图说》必须仔细地加以研究。它开篇所提出的宇宙演化论，被后来的学者普遍接受。其内容如下：

　　无极而太极。太极动而生阳，动极而静；静而生阴，静极复动。一动一静，互为其根；分阴分阳，两仪立焉。

　　阳变阴合，而生水、火、木、金、土。五气顺布，四时行焉。

　　……

　　无极之真，二五之精，妙合而凝。乾道成男，坤道成女；二气交感，化生万物。万物生生而变化无穷焉。[①]

　　《太极图说》的第二个部分包含了周敦颐的伦理理论，他在其中提出人是所有创造物中最伟大的，而圣人是所有人中最伟大的。文中接着写道：

　　惟人也，得其秀而最灵。形既生矣，神发知矣。五性感动而善恶分，万事出矣。

　　圣人定之以中正仁义而主静，立人极焉。[②]

　　随后，文中进一步强调了道德世界与物理世界的联系，以及圣人与天地的统一：

　　故圣人与天地合其德、日月合其明、四时合其序、鬼神合其吉凶。君子修之吉，小人悖之凶。[③]

　　在结语中，周敦颐高度评价了《易经》，并且认为太极图是易学的终极准则。

---

① 黄梨洲：《宋元学案》，缪天绶选注，第68-69页。
② 同上。
③ 同上。

象数的魔力

邵雍是新儒学的另外一个奠基人。我们对他的生平已经有了大致的了解。像同代的许多学者一样，邵雍也曾经徘徊于神秘的佛教和道教之间，后来才回到正统的儒家学说上来，进而成为《易经》的专家。作为一个多才多艺的作家，邵雍创作了大量的诗歌，用来描绘伊水上的美丽景色；他还创作了《渔樵问对》，通过渔夫和樵夫的对话来讨论理论哲学和实践哲学的问题；他还写作了讨论宇宙起源、自然演化以及社会历史变迁的著作《皇极经世》，该书使他声名鹊起。在该书的《观物篇》中，邵雍将他的象数之学应用于人事，被普遍认为是他最好的作品。

邵雍的哲学，也建立在《易经》之上。他讨论的起点，是相传由伏羲所作的八卦。伏羲是中国古代传说中的"三皇五帝"之一。① 按照传统的说法，伏羲所作的八卦后来传给了周朝的建立者周文王，并由他作了系统地推演，再由周文王传给周公，最后汇集成《周易》一书。该书很快成为形而上学和神秘学的基础。与此同时，在周朝早期的发展过程中，这些神秘的符号经过重新排列——因此得名为"易"——和组合演变为 64 卦。邵雍正在以此为基础设计出他的象数理论。在这个方面，他比周敦颐走得更远，因为他一直回溯到形而上学的源头。我们已经知道，《太极图说》只是一种图像研究，而《皇极经世》则是将图像和数字结合起来，提出了《易经》中最基本的原理。

① 参见附录一：中国历史分期表。

邵雍对卦象进行了重新排列，并声称已经恢复了伏羲所作的原始八卦，并在此基础上设计出他自己的原始太极图。[①] 他坚持认为，虽然周文王设计出八卦的使用办法，但传说中的伏羲——很可能是数学天才——已经发明了一种更加先进的运算法则。[②] 事实上，有些西方学者已经指出伏羲的运算法则与莱布尼兹的二进制计算法之间的相似性，后者中的 8 个数字 0-7 正好对应于中国的八卦。因此，根据莱布尼兹的发现来研究邵雍的数字理论非常有意思，可以从中看出两者之间的紧密联系。

邵雍所设计的原始八卦图是由 64 卦所围成的圆形，其中全部由阳爻组成的乾卦据于圆形的顶部，而全部由阴爻组成的坤卦居于底部，其他 62 卦由作者置于各自的位置。这张图具有多重含义，因为它象征着无数生物的生命周期，包括出生、成长、成熟、衰老和死亡。以花为例，它们在象征着阳光明媚的乾卦那里盛开，在象征着严寒的坤卦那里凋谢。四季也是这样，乾卦代表夏季，是阳之极，坤卦代表冬季，是阴之盛。

更有意思的是，邵雍的太极图可以用来勾勒宇宙的年谱。他测算出整个宇宙已经有了 129000 年的历史，其中可以等分为 12 个周期，每个周期 10800 年。在第一个周期的开始，宇宙诞生。在第三个周期，也就是在 27000 年以后，包括人类在内的无数生物诞生。在第六个周期，整个世界进入到最有前途的乾卦位置；根据邵雍的推算，此时人类在诞生了 37000 年以后，迎来了尧和舜的统治，进入了中国历史上的黄金时代。至于离邵雍更近的年代，他认为已经进入到第七个周期，此时离宇宙的诞生已经有 69000 年的时间。我们很容易算出，此时离进入代表着

---

① 从字面上说，应该称为"先天八卦图"。

② 伏羲的八卦和周文王的八卦都可以在《易经》中看出来。参见理雅各：《阴阳》（《易经》），载于《东方圣书》，第 16 册。

毁灭的坤卦位置还有 60000 年。然而，邵雍是一个乐观主义者，因为他坚持认为这个世界的毁灭只是意味着另一个世界的开始，另一个世界同样有生与死，有成长与衰老，就这样循环往复，无穷无尽。

天人合一

最初由周敦颐所引入的术语"太极"，逐渐成为当时的学者哲学讨论的中心。然而，对于太极的确切含义，这些学者的心中似乎并不清楚。例如，在邵雍的著作中，它往往等同于道、心或自然。然而，在宋朝另外一位伟大的哲学家张载看来，太极仅仅意味着气或元气。对于张载来说，正是这种元气构成了太虚；太虚之气虽然是无形的，却包含着构成世界万物的始基。同时，气具有凝聚和消散两种属性。当气凝聚的时候，它能使事物呈现出相应的形状，因而是可见的；而当气消散的时候，它就变得无形了，因而就无法看见。因此，正是因为气无穷无尽的凝聚和消散，导致了万事万物的生成和消失。

张载写道："气聚则离明得施而有形，气不聚则离明不得施而无形。方其聚也，安得不谓之客？方其散也，安得遽谓之无？故圣人仰观俯察，但云知幽明之故，不云知有无之故。"[1]

此外，气具有二重性，因为它包含阴、阳这两种相互对立的力量，它们按照固定的法则此消彼长。同时，由于这两种力量的相互作用，使得气永远处于运动状态。也由于这个原因，虽然气凝聚和消散的方式有很多种，但它在形成万物时总是遵循一定的法则，从而使万物有一个相

---

[1] 张载：《张子全书》，四库备要版，卷二，《太和》，第3页。

对固定的形状。这个"永恒的法则"张载并没有作详尽的阐述，后来的哲学家把它称之为"理"（形而上的法则）。

明确了气这个基本的概念，我们可以继续讨论张载最重要的天人合一思想。气作为构成万事万物——包括天、地、人和其他无数的存在物——的始基，不仅使人与人之间有了大量的共同点，而且使人与其他存在物之间有了许多的共同点。尤其重要的是，人身上的气同于天地之气，人的本性同于天地的本性。或者，用张载的话说："故天地之塞，吾其体；天地之帅，吾其性。"因此，"民，吾同胞；物，吾与也。"①我们不仅要把有血缘关系的兄弟当作兄弟，而且要把所有的人都当作兄弟，甚至是那些不幸的残疾人、病人、孤儿，以及鳏夫寡妇。这就是张载从他的形而上学研究中引申出来的道德理想——类似于墨子的兼爱。他把这段话写在学堂的西墙上作为座右铭，所以被称为《西铭》。

形而上与形而下

紧随周敦颐、邵雍和张载而来的哲学家是程氏兄弟。在他们的手中，新儒学正式形成。事实上，这并不是巧合，而是因为他们与北宋理学的三位奠基人之间有着密切的联系。正如我们所知道的，二程是周敦颐的弟子，是张载的侄子，此外，他们还是邵雍的安乐窝的常客。他们的思想，尤其是程颐的思想，将对新儒学的集大成者朱熹产生巨大的影响。

尽管二程经常相提并论，但两人无论在性格上还是在生活方式上似

① 黄梨洲，《宋元学案》，缪天绶选注，第149页。

乎都有很大的不同：哥哥程颢长期沉浮于宦海，而弟弟程颐更喜欢宁静的书斋生活，而不太喜欢忙碌的从政生活。然而，程颐作为学者的名望是如此地大，以至于一度被朝廷召去充当皇帝的老师，教年幼的皇帝读书。程颐的长寿或许也有助于增加他的声望，同时也增加了他的哲学成就。此外，二程在学术观点和论证方法上也有一定的差异。事实上，他们开启了新儒学内部两种不同的学术倾向：以程颐为代表的理学倾向，和由程颢开其端的心学理路。

程氏兄弟对新哲学的一大贡献，是引入了"理"这个重要概念。以前的学者曾经使用过这个词，但程氏兄弟使它第一次受到了学者们的普遍关注。在程颐看来，理是无形的宇宙法则，它不同于作为万物始基的气或元气。换句话说，就像所有的事物，无论是有生命的还是无生命的，都有共同的本源那样，所有的事物都遵循一定的法则，这种法则使事物成其所是。而且，这种法则是普遍而永恒的。因此，虽然构成万物的气也许会变化和消散，但万物背后的法则是永恒不变的。用哲学语言来说，构成具体事物的气是"形而下"的；而理作为超越时空的永恒法则，是"形而上"的。

在这个观点上，程氏兄弟基本上是一致的。然而，在解释《易经·系辞》中的一句话，即"形而上者谓之道，形而下者谓之器"时，① 两人表现出明显的差异。在程颐看来，道明显不同于器，因为形而上的东西不可能等同于形而下的东西。但在程颢看来，情况似乎并非如此。最主要的，他认为理更多的是一种自然趋势，而不是固定的法则。他写道："万物皆有理，顺之则易，逆之则难。"② 又说："器亦道，道亦器，但得道在，不系今与后，己与人。"③ 他坚持认为道与器并无本质上的

---

① 《易经》，四库备要版，卷七，《易传》，第 10 页。
② 程颢、程颐：《二程集》，卷十一，《明道先生语一》，第 5 页。
③ 程颢、程颐：《二程集》，卷一，《二先生语一》，第 3 页。

不同。这个观点使他背离了宋朝理学的主流学派，而这个学派以他的弟弟程颐以及后来的朱熹为代表。

伟大的总结

虽然朱熹经常与上述哲学家同时被提起，但实际上他比二程晚了近一百年。正是这种时间上的间隔，使他能够从前辈那里博采众长，并且能够更加客观地看待他们的学说。作为理学的集大成者，朱熹总结了早期儒家的学说，吸取了周敦颐的宇宙论、邵雍的象数论、张载的气本论，以及二程的理学思想，创造了一个庞大的哲学体系。在朱熹那里，新儒学发展到了巅峰。

作为一个作家，朱熹博学多才，著作等身。他的全集有 62 卷，几乎涵盖了中国传统学术的各个学科，即经学、史学、哲学和文学。在经学上，朱熹的地位是无可置疑的。自 14 世纪开始，在随后的 500 多年中，朱熹对儒家经典的解释性著作成为钦定的教科书和科举取士的标准。朱熹对儒学的影响是如此地大，以至于广大士人都是根据朱熹的注解学习儒家经典。可以不夸张地说，朱熹的学说完全成为儒家的正统学说。

作为孟子和荀子以后最卓越的学者，朱熹也对中国文化产生了极大的影响。他和他的学生第一次把《论语》《大学》《中庸》和《孟子》确定为儒家的"四书"，其地位仅次于"五经"；他和他的学生还最终确立了儒家的道统论，将孟子提升到亚圣的地位，从而将孟子的对手荀子排除出道统；此外，他和他的学生还成功地为儒家学派的政治伦理学说提供了形而上学的基础。

作为一个哲学家，朱熹汲取前人的成果，构建了一个完整的思想体系，其中既包括形而上学，也包括伦理学。他继承程颐的说法，声称理与气作为宇宙中两种基本的存在，具有不同的性质。他重申了程颐的观点，即认为世界万物，无论是否有生命，都有内在之理，正是这个理使事物成其所是。在此基础上，朱熹进一步提出，太极是万物之理的总和，又是万物之理的最高概括。因此，太极是宇宙万物的终极标准，是天、地、人的最高法则。根据这个观点，朱熹认为存在着一个超自然或"形而上"的世界，它是不可见的、非物质的和抽象的，但它又是内在于万事万物的。与此同时，存在着一个物质的或"形而下"的世界，它由无数可见的、物质的和具体的事物所构成。此外，尽管各类事物都以理作为内在的依据，但它们同时又是气或元气的凝聚，是阴阳之气不断相互作用的结果。朱熹写道："是以人、物之生，必禀此理，然后有性；必禀此气，然后有形"。①

人和其他事物一样，也是理与气相结合的产物。每个人所禀受的理，正是人之性，它对所有人来说都是相同的。但由于每个人禀受的气不同，所以造成了人与人之间的差异。在一篇经常被引用的文章中，朱熹宣称："禀气之清者，为圣为贤，如宝珠在清冷水中。禀气之浊者，为愚为不肖。如珠在浊水中。"② 因此，修身的问题就在于如何使人性这颗宝珠重放光彩——这也是儒家一向要解决的道德修养问题。

为了解决这个问题，我们首先必须找出遮蔽人性之光的混浊之物。在朱熹看来，这混浊之物是人的私欲，它是万恶之源。朱熹说："自家若得知是人欲蔽了，便是明处。只是这上便紧著力主定。"③

和程颐一样，朱熹坚持认为要使人性这个宝珠重放光彩，必须在两

---

① 冯友兰：《中国哲学简史》，第299页。
② 冯友兰：《中国哲学史》（中文版），下册，第918页。
③ 同上。

个方面用功：一是"用敬"，二是"致知"。第一个方面比较简单。它要求每个人的心中要时刻保持恭敬，同时小心地防范私欲的侵蚀。至于第二个方面，程朱的观点都来自于《大学》中的一个重要篇章。这个篇章在前面已经引述过，即认为"致知"作为修身的一个条目，可以通过"格物"来实现。朱熹把这个观点和他的形而上学思想结合起来，主张格物所要"致"的"知"，就是主宰宇宙万物运动变化的理。他进一步提出，如果以格物的方法今日知一理，明日知一理，经过坚持不懈的努力，终会有豁然顿悟的一天。

因此，我们可以看到，经过一个多世纪的学术积累，最终发展出一个完整的思想体系，它将对中国人的生活产生极大的影响。在这块哲学的田地里，经过前辈哲学家的辛勤培育，哲学的果实终于成熟了。朱熹虽然不是最初的播种者，却是幸福的收获者。因此，朱熹的角色在本质上是一位伟大的组织者，他凭借个人的威望，博采众长，成为宋朝理学的集大成者，并使理学成为儒家正统学说的延续。他对儒家经典的解释很快成为儒学入门的必读之书。

总而言之，朱熹及其弟子对中国文化产生了广泛而又深远的影响。首先，这些宋朝的哲学家在儒家教义变得停滞呆板之际为它注入了新的活力，从而使儒家之道在宋朝出现了复兴。其次，这些新儒家汲取了道教和佛教的精华，成功地削弱了这两个竞争对手的影响，使它们再也未能东山再起。再次，他们对儒家哲学进行了理性化，从而清除了残留在儒学体系中的宗教元素。与此同时，这些理性的新儒家终止了将孔子神圣化和将孔子学说变成宗教的趋势——正如我们所看到的，这种趋势在汉朝和唐朝较为明显。最后，他们试图使儒家学说人性化，从而间接地使中国古代作为人格神的"天"失去了位置。这其实和孔子的立场是一致的，因为孔子拒绝讨论怪、力、乱、神。如今，随着形而上学成功地解释了创世的奥秘，想象中的全能的神显然无法再主宰人类的命运。

至少，这是孔子这样的中国知识分子所具有的信念，他们避免谈论神灵，同时对普罗大众的迷信表示极度蔑视。事实上，中国学者的思想长期与所有的宗教观念和宗教信仰相隔绝，以至于直到今天，他们依然保持着新儒家的优良传统，继续充当着坚定的无神论者。

第十一章

直觉与科学

儒学简史

鹅湖之辩

　　在江西北部有一座鹅湖山，山上有一座鹅湖寺。新儒家两大学派的领袖，曾经在这个风景优美的古寺展开了一场历史性的哲学大辩论。那是在 1175 年的夏天，辩论的双方是朱熹与陆九龄（1134—1182）、陆九渊（1139—1193）两兄弟，其中陆九渊号象山，又名陆象山。陆氏兄弟作为心学的代表，都是才华横溢的学者。这次会面是由他们共同的朋友吕祖谦（1137—1185）所召集的。吕祖谦曾经前去拜访朱熹，后来陪朱熹来到鹅湖寺，并邀请陆氏兄弟前来会面。他知道陆氏兄弟的哲学观点不同于朱熹，所以想借此机会调和他们之间的理论分歧。

　　这无疑是一场学术盛会。此时的朱熹正处于学术生涯的顶峰，而他的辩论对手，尤其是陆象山，年轻有为，锐意进取，正驰骋于哲学的王国。然而，他们的会面一开始就出现了不融洽。当吕祖谦礼貌性地问陆九龄最近有什么诗作时，陆九龄背诵了自己的一首新诗，其中有一句为"古圣相传只此心"。才念完第四句，朱熹瞥了一眼吕祖谦说："子寿（陆九龄）早已上子静（陆象山）船了也。"① 年轻冲动的陆象山立即插话说，他在来鹅湖寺的路上也作了一首诗。随后他开始念诗，其中一句为：

　　　　易简工夫终久大，支离事业竟浮沉。②

---

　　① 陆九渊：《象山全集》，四部备要版，卷三十四，《语录》上，第 24 页。
　　② 同上。

这显然是对朱熹的直接批评，导致朱熹怫然作色。于是，几位哲学家之间的第一次见面就这样不欢而散。

第二天，在准备会面之前，朱熹写下了自己的一些基本观点，准备在见面时予以讨论。然而，当陆氏兄弟在会上读到这些观点时，不仅不为所动，反而予以全面地驳斥。于是，论战爆发了，这些学识渊博的学者相互之间以方言进行抨击。这不仅仅是一种斗智，实际上也是双方基本哲学观点的交锋。然而，双方都不愿作丝毫的让步；与此同时，也没人能驳倒对方。于是，双方的论战只能不了了之。许多受邀参加的学者饶有兴致地见证了这场伟大的辩论。但是，由于没有主持人或协调人，这场辩论未能使双方原有的理论分歧有所缩小。当会面最终结束的时候，虽然双方握手言和，但相互之间的学术观点依然无法调和。

由于他们的哲学存在着根本的分歧，所以几乎不可能调和。首先，在陆氏兄弟看来，世界是一元的，而朱熹认为世界是二元的。其次，陆氏兄弟认为这个一元世界的本体不是理，而是心。所以陆象山说："宇宙便是吾心，吾心即是宇宙"。[1] 他坚持认为，为了达到道德的完美，最重要的是发明本心。像朱熹一样，陆象山也相信人心本善，也认为通过人的努力能恢复心的善性；但他不同意朱熹恢复善性的方法。他批评朱熹格物致知的方法过于支离，认为他煞费苦心地追求知识是一种徒劳。相反，他提出了一种更加简单易行的修养方法，那就是静观、反思和顿悟——这种方法似乎与佛教的禅宗有危险的联系。此外，陆象山像禅宗信徒一样，轻视书本知识，甚至是儒家经典。他声称：只要抓住了知识的本质，那么"六经皆我注脚"。[2] 这实际上是一种巨大的背离，不仅是对朱熹的背离，甚至是对孔子本人的背离。所以毫不奇怪，他被有些人指责为有实无名的禅宗信徒。也许这种批评带有偏见，但无论如

---

[1] 陆九渊：《象山全集》，四部备要版，卷三十六，《年谱》，第3页。
[2] 同上，卷三十四，第1页。

何，陆象山确实比其他任何一个儒家学者有着更严重的佛学倾向，这一点很少有人会怀疑。

竹子之理

从 12 世纪开始，朱陆思想的异同引起了儒家学者广泛地争论。虽然朱熹对经典的阐释以及他的形而上学著作长期以来被视为儒家的正统，并且在学校里公开讲授，但这种权威并不能阻止陆象山的学说赢得一部分学者的赞同。在这些学者之间，以明朝伟大的思想家王阳明①（1472—1529）最为突出。在他的手中，心学发展成为朱熹理学的有力竞争对手。

王阳明是朱熹之后最伟大的哲学家，同时也是著名的军事家和政治家。作为一名军事家，王阳明最大的成功是在 1519 年平定了宁王朱宸濠的叛乱。由于他迅速调集军队攻打叛军，所以将叛乱扼杀在萌芽之中。除此之外，他还多次平定了盗贼的叛乱。这些胜利为他赢得了军事天才的美名。然而，王阳明主要是作为哲学家和学者受到后世的推崇。

青年时期的王阳明为了探寻哲学的奥秘，曾经出入于佛道两家。他一度像迷途的羔羊，误入了非正统思想的迷途，② 好在最后又回到正统思想的大道上来。自此以后，他汲汲于寻求儒家之道。在三十几岁时，他已经成为卓然有成的儒家学者，开始了收徒讲学的学术生涯。不过当

---

① 王守仁，别号阳明，世称王阳明。

② 王阳明早年曾在阳明洞结庐——所以人称阳明先生——他在那里修炼道教的导引术和养生功法。

时他对朱熹所提倡的格物致知的方法仍然充满疑惑，心中的不满也与日俱增。在此之前，他曾经与一位朋友讨论过这个问题，认为要做圣贤就要先格天下之物，所以决心付诸实践。我们知道，朱熹教人格物穷理，即通过研究客观的事物获取知识，以此作为实现道德完美的具体途径。但从哪里开始呢？他的朋友"因指亭前竹子，令去看"。① 于是两人立即开始格竹子，日夜思考竹子之理，以至于劳神成疾。但结果并没有两人所预想的那样乐观。尽管他们费尽了心力，但心中依然像所格的竹子那样空空如也。最后，经过七天七夜的实验，筋疲力尽的王阳明不得不像他的朋友那样选择放弃。他叹息说："圣贤是做不得的，无他大力量去格物了。"②

然而，这个问题始终困扰着他。一直到龙场悟道的那一天，他才豁然开朗。当时，他触怒宦官刘瑾，被谪贬到偏远的贵州龙场。此时的龙场"万山丛薄，苗僚杂居"，是尚未开化的地区。由于水土不服，跟随他来龙场的随从们都病倒了，他不得不亲自为他们砍柴、取水、煮饭。随后奇迹发生了。有一天晚上，他躺在床上听午夜的钟声，也许是因为日夜思考成圣之道，突然之间他有了顿悟。这是一个极其美妙的时刻，王阳明大呼"道在是矣"。带着激动，他从床上跳了下来，在房间里大喊大叫，手舞足蹈。他的随从们感到非常惊讶，都围过来看他。王阳明骄傲地对他们宣布： "圣人之道，吾性自足，向之求理于事物者误也。"③

---

① 王阳明：《阳明全集》，四部备要版，卷三，《传习录》下，第 23 页。
② 同上。
③ 王阳明：《阳明全集》，四部备要版，卷三十二，附录一，《年谱》，第 7 页。

儒学简史

直觉，而非格物

换句话说，王阳明的发现使得朱熹的格物致知不再是精神修养的唯一方法。我们前面已经看到，他在格竹子失败后对朱熹的方法感到非常失望，而如今，他提出了自己的学说。他声称心是最高的立法者，也是宇宙所有法则的体现者。因此，在他看来，朱子学派所提倡的格物方法过于呆板和迟缓，没有必要一件件地去格物，唯一要做的是直入自己的本心。他宣称："心外无物，心外无理。"①

然而，我们怎么证明宇宙万物都依赖于心呢？这样的疑问同样存在于王阳明一个友人的心中。他指着远处悬崖上的花和树问王阳明："天下无心外之物，如此花树，在深山中，自开自落，于我心亦何相关？"

王阳明回答说："尔未看此花时，此花与尔同归于寂。尔来看此花时，则此花颜色，一时明白起来。便知此花，不在尔的心外"。②

与此同时，王阳明声称，要想"止于至善"，唯一要做的是按照"良知"行事。"良知"是他从《孟子》那里借用过来的一个新术语，类似于陆象山的"本心"。在王阳明看来，这种直觉的能力是天赐之物，无论圣人还是恶人，都有良知，唯一的区别是圣人完好地保持了自己的良知，而恶人因为恶习和私欲蒙蔽了自己的良知。但无论如何，这种能力是每个人天生就有的，它能使人凭借直觉明辨是非。此外，如果恶人或任何人因为恶习或堕落丧失了良知，他仍然能够通过积极地精神修养恢复良知。

---

① 王阳明：《阳明全集》，四部备要版，卷一，《传习录》上，第4页。
② 王阳明：《阳明全集》，四部备要版，卷三，《传习录》下，第14页。

为了证明良知的存在，阳明学派的学者喜欢讲下面这个故事：有个王阳明的门人，夜间在房内捉得一贼。他对贼讲一番良知的道理，贼大笑，问他："请告诉我，我的良知在哪里？"当时是热天，他叫贼脱光了上身的衣服，又说："还太热了，为什么不把裤子也脱掉？"贼犹豫了，说："这，好像不太好吧。"他向贼大喝："这就是你的良知！"①

我们不知道这个贼经过这件事有没有幡然醒悟，我们也不知道致良知的方法是否真的能使人成为圣人。阳明学派的学者似乎持乐观态度，因为他们习惯说"满街都是圣人"，② 这就像孟子曾经所说的"人皆可以为尧舜"。③ 虽然这种想法乐观地认为我们都具有成为圣人的潜质，但问题是该怎么做才能成为圣人。王阳明看不上朱熹所提倡的格物致知之法，他建议通过集中心智、沉思默虑、时时克己的方法来扩充人的良知。这些建议都很好，但仍然不够明确，它们就像格竹子之理那样难以付诸实践。

知行合一

王阳明对陆象山所开创的心学进行了详细的阐述，并进一步提出了知与行的统一性。他相信行动与知识密切相关，人们之所以未能行善，主要是因为不知道什么是善。在另一方面，知识从它自身来说是无意义的，只有当人知道如何在人生事务中应用知识，才能使他的良知获得全

---

① 冯友兰：《中国哲学简史》，第 313 页。
② 王阳明：《阳明全集》，四部备要版，卷三，第 20 页。也可参见卷三，第 10 页、第 23 页等。
③ 《孟子·告子下》。

面发展，最终达到至善。

曾经有学生问王阳明，为什么人们知道应该对他们的父母行孝，应该对他们的兄弟行悌，但在实践中却往往做不到呢？学生的这个问题是不是也意味着知与行是两个完全分离的事物呢？在回答这个问题时，王阳明坚持认为这些人之所以未能行孝和行悌，仅仅是因为他们缺乏真正的知；他接着解释说："知是行的主意，行是知的工夫。知是行之始，行是知之成。若会得时，只说一个知，已自有行在；只说一个行，已自有知在。"①

在这次谈话中，王阳明还以"好好色"和"恶恶臭"为例做进一步说明。他相信人看到美色属于知，而对美色的喜爱属于行。人只要一看到可爱的事物，第一眼就会喜欢它。由于知与行是统一的，所以这种感情的发生是自然而然的。并不是人看到喜欢的事物后，经过深思熟虑才决定去喜欢它。当人闻到臭味时，情况也是如此。当臭味到达鼻孔时，这种厌恶感是自然发生的，并不是人下决心去讨厌它。然而，如果人的鼻孔堵住了，他就无法闻到眼前这个恶臭的事物。由于他不知道这个东西是令人不快的，所以也许并不讨厌它。因此，如果不能知，也就不能行。

像陆象山一样，王阳明思想中的特殊倾向，使其易于受到佛教的影响。事实上，在他许多形而上学的论述中，可以时常发现禅宗思想的痕迹。然而，将王阳明指责为佛教思想家是不公平的，就像指责陆象山为禅宗信徒那样。因为两人学说的主旨是人文主义的，而不是超脱尘世的，他们的学说中并没有禁欲和厌世这些典型的佛教思想。与此同时，虽然这两位哲学家的著作在时间间隔上超过了三个世纪，但显然都是儒家传统的重要组成部分。他们都信而好古，崇拜先王。此外，王阳明对

---

① 王阳明：《阳明全集》，四部备要版，卷一，第 3 页。

行的强调使他直接反对道家的无为和佛教的顺从。事实上，王阳明不仅提倡行，而且亲自实践；与坐而论道的儒家学者不同，王阳明是典型的行动者，他不仅是思想深刻的学者和哲学家，而且也是受人尊敬的政治家和军事天才。

王阳明也对中国思想的发展作出了永久性的贡献。在随后的几百年中，他的思想不断得到发展，即使到了今天，依然能引起热烈的讨论。[①] 虽然他对良知和修心的强调似乎阻碍了朱熹格物思想中科学精神的发展，但平心而论，朱熹的观察法离真正的科学仍有不小的距离，它很难获得真正的发现和发明。这是因为当时的儒家学者缺乏科学仪器和科学知识，同时也缺乏科学意识，他们的研究范围只限定在人与社会，对自然界的各种现象和普遍规律研究不深。换句话说，他们仍然在孔子所开辟的伦理学和政治学园地里耕耘，因此，不管宋朝的哲学家多么努力，我们不能期望他们提出完全独立的新学说。在另一方面，王阳明至少有助于将儒家学者的注意力从纯粹的书本知识转移到更加有趣、也更加丰富多彩的心学研究上。就这一点而言，他代表了新儒学运动的最新发展。他成功地使人们开始关注有关人的本性的奥秘，并为他们指出了个人生活和社会生活的正当方式。

学术沉寂的岁月

王阳明于 1529 年去世。在他去世后的几百年间，中国哲学进入了沉寂期，这与先前的活跃和多产形成了鲜明的对比。也许中国学术在宋

---

① 例如孙中山的"知难行易"说。参见本书第十二章。

朝的突然迸发耗尽了自己的活力，此时的中国学者只能寄身于缺乏创造力的文献校勘工作。就哲学而言，这是中国历史上最为沉闷的几百年，无论是新儒家的朋友还是对手，都只是循着前人的足迹亦步亦趋，争论的都是古代经典中无足轻重的问题。

最坏的是，中国人的创造力被科举考试大大地削弱了。作为进入官场的主要途径，科举考试在明朝退化为写作有固定格式的"八股文"。这种文体有一种呆板的格式，要求文章分为八个部分，每个部分都要围绕试题展开，而试题都是来自于儒家经典。由于这种限制，所以文章的内容都局限在儒家思想之内，尤其是朱熹及其弟子对儒家经典的阐释。显然，这些约束给个人的想象力和创造力留下了很小的空间。结果，许多知识分子只顾埋头钻研写作八股文，变得目光短浅，思想浅薄。这种科举考试所培养出来的学者反对所有的独立思考和真正的文学价值，他们都是权力主义者和教条主义者，心胸狭隘，对经书之外的知识不感兴趣。遗憾的是，全国最聪明的人都不得不在这种琐细的文章中浪费时间！正是由于八股文的束缚，中国的学术在新儒学运动之后出现了长期的停滞。

实际上，这种考试制度对儒学的发展弊大于利。当然，它有助于巩固儒家思想在中国知识界的统治地位，但它也扼杀了孔子学说中的真精神，并把伟大的孔子歪曲成独裁主义者和老学究。尽管孔子依然受到深深地尊敬和崇拜，但被抹去了人文意义上的品德和价值。孔子学说中的生命力，当年使它从秦火的破坏中保存下来，如今却消失殆尽了。相反，他的学说如今变得陈旧老套，鱼龙混杂。具有讽刺意味的是，作为伟大的教育家，孔子主张"循循善诱"，并且对知识充满无限的好奇，如今他却变成盲目崇拜的对象和推行愚民教育的工具。明清时代的教育政策，强调的是对经书的死记硬背、写华而不实的文章、对士人的思想控制，以及对专制君主的顺从。

自称科学的考据学

从某种意义上说，虽然中国哲学自 16 世纪以来一直处于沉寂状态，但这种缺憾多多少少地被出色的儒家经典训诂研究所弥补。作为哲学家，明清的学者少有建树，但作为考据学家，他们无论在考据的功夫，还是考据的范围和考证的方法上，都取得了显著的成绩。他们是出色的百科全书编纂者、辞典编纂者、选集编者、经典注释者、文字学家和解经家，成功地对几千年来的学术成果进行了全面的整理和研究。他们也成功地对儒家以及其他哲学流派的典籍进行了考订和辨伪。在一个印刷技术快速发展和书籍传播更加容易的时代，他们至少作出了这样一种重要的贡献，即为后人提供了一种翔实可信、注解详实、便于阅读的文献资料。

清代的学者尤其拒斥宋朝思想家的形而上学。他们声称从汉朝的学术中获得启示，因而将自己称为"汉朝学术的追随者"。在他们看来，汉朝比宋朝在时间上更接近孔子，因而汉儒更有可能领会儒家学说之原旨。一位 19 世纪早期的考据学家写道："两汉经学所以当遵行者，为其去圣贤最近，而二氏之说（佛教与道教）尚未起也。"① 在这些学者看来，宋朝理学正是因为杂糅了佛、道的学说，从而使自己变成了"异端"。

确切地说，中国的历史考据学正是起源于那个时候。作为这个学派的创始人，颜元（1635—1704）被认为提出了一种研究经典和历史文

---

① 江藩：《国朝汉学师承记》，四部备要版，第一册，《阮元序》，第 1 页。

献的科学方法。尽管这些考据学家强烈批判宋朝理学家的异端思想，但他们继承了朱熹对古代文献的批评标准和治学方法。虽然这些清朝的学者没有发展出实验科学，但他们设计出一种以科学证据和归纳推理为基础的高级考据方法。在这里举一个例子，明末清初的著名学者顾炎武（1613—1682），据说为了证明一个有争议的词的古代发音，列举了160个证据。单单一个语音问题就花费如此大的精力，可以从中想象清代学者的学问是多么地严谨和扎实。

事实上，这种对古代文本的详尽研究绝不是纯粹地浪费时间和精力。这些解经家为自己辩护说，要想正确地阐释圣人的思想和观点，前提是充分地理解和证实圣人的话语。这就像登山一样，虽然一步步往上爬很辛苦，但除此之外别无他法。至少在这一点上来说，这些学者作出了巨大的贡献。他们摈弃了所有个人的意见和传统的权威，成功地发现了大量伪造的经典，而这些经典在此之前被信以为真。例如，这些伪经包括《周礼》、《十翼》（解释《易经》的著作）和《孝经》，通过考证，它们成文的时代要比声称的更晚，它们各自的作者，也不是传统观念所认为的周公、孔子和曾参。

在这些考据学家中，最杰出的学者和哲学家是戴东原（1724—1777）。在他那里，清代学术达到了顶峰。有一个故事说明了戴东原在少年时代的聪颖和机敏，这使他后来成为一位卓越的学者。这个故事说，当他十岁的时候，跟着塾师学习《大学》的总纲。在《大学》中，总纲部分是曾参转述孔子的话，随后的十章是曾参对这些话的阐述，由曾参的弟子记录下来。

在学习中，这个小男孩问他的塾师，"此何以知为孔子之言而曾子述之？又何以知为曾子之意而门人记之？"

塾师肯定地答道："此朱文公（朱熹）所说。"

小男孩接着问："朱文公何时人？"

曰："宋朝人"。

"孔子、曾子何时人？"

"周朝人。"

"周朝、宋朝相去几何时矣？"

"几二千年矣。"

"然则朱文公何以知然？"①

说到这里，塾师无言以对，因为像他这样的学者，所有的论断都是建立在权威的基础上，而不是建立在严密考证和逻辑推理的基础上。

---

① 实际上，孔子与朱熹间隔1700年。这个故事也可参见梁启超：《清代学术概论》（《中文版》），第56-57页。

第十二章

圣人的新面貌

旧瓶装新酒

　　清朝学者对新儒家哲学的拒斥在 19 世纪末出现了新的动向。他们之前所致力研究的汉学，在本质上属于以马融和郑玄为代表的古文学派的研究范围。然而，清朝末年的新一代知识分子渴望回到汉朝早期的董仲舒时代，此时古文经还没有被发现，只有今文经被立为官学。我们知道，今古文之争在汉朝持续了好多年，一直到后来郑玄等人将今文经的精华吸收进古文经，集经学之大成，才使这种激烈的争论暂时告一段落。然而，这也导致了今文经的衰落，在古文经的冲击下，流传下来的今文经很少。

　　如今，长期沉寂的今文经吹响了复兴的号角。很自然地，清朝的今文学家要把董仲舒以及他所推崇的《公羊传》搬出来，后者再次成为学术研究的中心。然而，与董仲舒不同，这些清代的学者也是政治改革家，他们把孔子的学说也视为推进改革的有力武器。当然，对他们来说，孔子不仅仅是古代学术的传承者，而且也是无冕之王，是人类的救世主。

　　然而，这场新的运动背后的推动力量是什么呢？为了回答这个问题，让我们暂时停下来了解一下 19 世纪末的中国所面临的政治形势。这是清王朝加速衰落的时代，内部阶级矛盾尖锐，农民起义不断，外有强敌入侵，不断割地赔款。清朝早期的知识分子为了逃避文字狱的迫害而不得不投身于典籍研究。可如今他们的学术接班人遇到了一个更大的危机，那就是外来的帝国主义列强严重威胁着国家的存亡。政治改革似乎是摆脱这种危机的唯一出路。由于整个国家完全以儒家教义为治国圭臬，所以有些改革家开始策略性地打着孔子的旗号来提出自己的政见。

　　这场运动的领袖是康有为（1858—1927）。由于康有为在谈话时言

必称圣人，所以为自己赢得了"圣人"的外号。为了名副其实，康圣人决心以伟大的孔圣人为榜样。这个野心勃勃的年轻人准备以孔子的名义提出自己的政治方案。正如孔子曾经以古代圣王的名义宣扬改革那样，康有为也把孔子说成是伟大的改革家，并以此来解释孔子的政治生涯。此外，在康有为看来，孔子亲自创作或者说伪造了六经，以此作为政治宣传的武器。他认为尧舜这样的圣王也许根本就不存在，他们极有可能是孔子想象的产物。如果这种情况属实，那么他康有为为什么就不能采用孔子这种有效的策略呢？

没有什么比康圣人的这种假设更荒诞了。在歪曲有关孔子的历史史实方面，他甚至超过了董仲舒。他那些用来支持政治观点的论据，大部分都是虚妄和武断的。例如，他无视所有的历史记载，声称周朝的经典实际上并没有遭到秦火的破坏，而是完好无损地传到汉朝学者手中。这些论断只反映出这样一个事实，那就是康有为更多的是一个江湖骗子，而不是一个真正的学者。他把儒家学说当成幌子，用来兜售自己的政治纲领。出于同样的理由，他认为孔子也有不诚实的时候，从而为自己的所作所为辩护。虽然如此，我们不得不承认康有为确实对中国人的思想产生了重要的影响，尤其是他独立思考以及批判旧传统和已有权威的勇气。尽管他自己并不是一个合格的考据学家，但他为考据学提供了一种怀疑精神，这种精神将要在 20 世纪的学者那里开花结果。

乌托邦的世界

比这些重塑孔子的伪学术更有趣的是康有为设计了一个乌托邦的新世界。他把这个世界称为"大同"。大同这个概念来自于《礼记》中的一个篇章,①而《礼记》通常被认为是孔子所作。正是《礼记》中的这个篇章,为时年26岁的康圣人描绘了一幅理想国家的美好图景。受此启发,他后来在一部几十万字的著作中对这个理想世界进行了生动有趣地描述。

在介绍康有为的《大同书》之前,我们首先必须指出,康有为的历史进化论建立在《公羊传》的"三世说"之上。三世中的第一世是据乱世,它对应于孔子所处的时代,这个时代的人们被武力或礼仪所统治;第二世是升平世,此时的人们受到良好的教育,像现代人一样积极参与政治事务;第三世是太平世,这是人类文明发展的最高阶段,整个世界充满着团结、和谐和友爱。年轻的空想家康有为写道:异日大地大小远近如一,国土既尽,种类不分,风化齐同,则如一而太平矣。随后,他天真地补充道:孔子已预知之。②

在这三世中,康有为最为关注的是太平世,因为在他看来,此时将出现一个以团结、平等和友爱为根本理念的世界政府。概括地说,康有为设计的全球性乌托邦具有以下内容:

1. 无国家,全世界置一总政府,分若干区域。
2. 总政府及区政府皆由民选。
3. 无家族。男女同栖不得逾一年,届期须易人。
4. 妇女有身者入胎教院,儿童出胎者入育婴院。
5. 儿童按年入蒙养院,及各级学校。

---

① 这个经常被引用的篇章是:"大道之行也,天下为公。选贤与能,讲信修睦。故人不独亲其亲,不独子其子,使老有所终,壮有所用,幼有所长,矜寡孤独废疾者,皆有所养。男有分,女有归。货恶其弃于地也,不必藏于己;力恶其不出于身也,不必为己。是故谋闭而不兴,盗窃乱贼而不作,故外户而不闭,是谓大同。"《礼记》,四部备要版,卷七,《礼运第九》,第1页。

② 冯友兰:《中国哲学史》(中文版),下册,第1015页。

6. 成年后由政府指派分任农工等生产事业。

7. 病则入养病院，老则入养老院。

8. 胎教，育婴，蒙养，养病，养老，诸院，为各区最高之设备，入者得最高之享乐。

9. 成年男女，例须以若干年服役于此诸院，若今世之兵役然。

10. 设公共宿舍公共食堂，有等差，各以其劳作所入自由享用。

11. 警惰为最严之刑罚。

12. 学术上有新发明者，及在胎教等五院有特别劳绩者，得殊奖。①

我们可以很容易地看出，所有这些内容都是在 19 世纪末传入中国的西方思想的大杂烩，彼此之间杂乱无章，牛头不对马嘴。然而，这种奇怪的思想组合——其中许多想法肯定会让孔子震惊——却必须以儒家的语言表达出来。其实这并不奇怪。因为孔子在中国古代拥有超乎寻常的权威，以至于这种激进的政治宣传也必须冠以孔子的名义。这也清楚地说明，虽然康圣人习惯以自己的想法解读别人的著作，但他在提出奇思妙想时也得贴上孔子的标签；同时，他在鼓吹和兜售自己的政治主张时，也必须挂上孔子这块金字招牌。

经过这些思想上的准备，康有为开始进入政界。尽管他只是一个"布衣学者"，却多次向皇帝上书，主张进行全面的政治改革。② 自然，这些建议如石沉大海，激不起半点涟漪。然而到了 1898 年，康有为坚持不懈的呐喊终于引起了年轻的光绪帝（1875—1908 年在位）的注意。此时的光绪帝为了摆脱他的姨妈慈禧太后——又称老佛爷——的控制，

---

① 梁启超：《清代学术概论》，第 133–135 页。

② 康有为的改革方案包括采用君主立宪制，开国会，废"八股"，免除无能的官吏，克服官僚主义作风，等等。

把儒家的狂热分子作为最后的依靠力量。因此，以康有为为首的维新派很快得到了光绪帝的支持，开始筹划变法。在变法期间，光绪帝先后发布了几十道诏令，除旧布新。然而，这些改革措施引起了朝中保守派的愤怒和惊恐，他们成功地鼓动慈禧太后发动政变，接管朝政，幽禁了光绪帝，废除了一切新政法令。就这样，历时仅一百多天的改革运动宣告失败。康有为逃往香港，而他的许多追随者，遭到了老佛爷的捕杀。

神圣化孔子的失败

极具讽刺意味的是，1898 年的维新派领袖康有为，在 1911 年的革命者看来，是效忠于前清的极端保守分子。在中华民国成立之初，康有为又发动了尊孔运动，试图将孔子尊奉为国教的教主，但最终遭到了失败。因为此时的政治形势，似乎不再有利于这种违背时代潮流的举动。由孙中山及其追随者所创立的中华民国，此时正遭受着各种内忧外患；更坏的是，政府的实权实际上掌握在军阀袁世凯的手中。袁世凯野心勃勃，一心想复辟帝制，自己当皇帝。很自然地，袁世凯并不反对尊孔，因为长期以来，尊孔与忠君联系在一起。事实上，尊孔运动发动得非常及时，因为此时受过大学训练的知识分子还未形成气候，还不能形成强大的反对力量。

在我们继续讨论尊孔运动之前，我们首先必须明确这样一个要点，那就是与西方许多知名的学者和传教士的观点不同，① 儒家学派的正统

---

① 西方学者声称儒家教义是一种宗教的论断，可以参见吉尔斯的《儒教及其对手》（H. A. Giles, *Confucianism and its rivals*）和苏西尔的《中国的三种宗教》（Soothill, *Three Religions of China*）等著作。

学说决不能被认为是一种宗教。事实上，如果你愿意的话，你可以把儒家学说称为一种道德体系，一种礼仪规范，一种生活方式，一种哲学，一种历史，一种文学，一种文化等等；但它绝不是宗教。不可否认，中国人所普遍遵循的敬奉祖先和孝道是儒家学说的两个重要支柱，但这不足以使儒学成为宗教，就像在孔庙中祭祀孔子并不能使孔子成为"至圣之神"（First Holy One）那样。明显的事实是，孔子从没有声称自己具有神性，他也不提倡对神的信仰和崇拜。这清楚地表明，孔子本人与宗教毫无关系。而且，如果不考虑后人对他的崇敬行为，儒学也并没有发展出宗教的神职和仪式。所有这些理由都说明，在中国人的心中，儒家学说从来就不是一种宗教信仰。这也进一步说明，尽管每种宗教都以某一种学说为核心，但并不是每种学说都能成为宗教，儒家学说尤其如此。

然而，受到许多西方国家将基督教作为国教的启发，20 世纪早期的孔教徒也大声叫喊着要把儒家学说变成中国人的国教。在这群人中间，最著名的是陈焕章。陈焕章曾经留学于美国，以英文写下了两卷本的名著《孔门理财学》。他也是康圣人的学生，与康有为一起在民国初年推动尊孔运动。作为他们尊孔运动的结果，旨在研究和弘扬孔子学说的孔教会在全国迅速增加。当 1915 年制宪会议召开时，康有为等人要求将儒家学说定为国教这一条款写入新的宪法。这个提议引来了激烈的争吵，儒家学派的坚定捍卫者与来自革命阵营的坚决反对者展开了口水战。即使尊孔运动的坚定支持者袁世凯，[①] 也不敢在这个问题上操之过急。于是，经过了大量的争吵和辱骂，《宪法草案》采取了一种折衷的解决方法，即承认儒家学说的道德优越性，但并不把它定为全国性的宗

---

① 袁世凯早在 1914 年 2 月 8 日就颁布了《祭孔令》，声称"孔子之道，亘古常新，与天无极"，必须"根据古义，将祀孔典礼，折衷至当，详细规定，以表尊崇"。

教。无论如何，虽然《宪法草案》最终遭到了废弃，但它从来没有正式地满足孔教徒最后的期盼。因此，他们神圣化孔子的失败，反映出保守分子在新时代所面临的绝望处境。

打倒孔家店

就在制宪会议的代表围绕孔子的地位展开唇枪舌战的时候，出现了一种新的革命力量，它将以雷霆万钧之势，将这个年轻共和国中的知识分子，从麻木不仁的状态中唤醒过来。多少年来——尤其是在君主专制的年代——一直由儒家思想占主导地位的传统经典教育，逐渐让位于以西方教育体制为范本的新式教育。诸如科学之类的现代学科，取代了儒家经典，后者不再像中国古代那样，要求小孩子死记硬背。更重要的是，明清时代的科举考试被废除了，广大学子不再需要把大好青春浪费在作"八股"文上。随着这种解放，出现了一种新的中国知识分子，他们受过良好的西式教育，渴望领导这个国家驶出中世纪的港湾，驶向前途未卜的现代世界。在风雨兼程的征途中，这些年轻的领航员建议把所有的古代学术货物，包括由来已久的儒家经典，全部丢入大海。

在这些反孔的新一代知识分子中，最直言不讳的代表是国立北京大学的教授陈独秀。① 他也是文化月刊《新青年》的主编。他的战友是领导中国进行史无前例的文学革命的胡适。除了向国人介绍白话和白话文作品，《新青年》的编辑们也试图以西方的科学和民主思想为武器，将中国人从封建思想的束缚中解放出来。如果说 1911 年的政治革命为共

---

① 陈独秀也是中国共产党的创始人之一，但后来作为托派分子被开除出党。

和体制铺平了道路，那么随后在 1917 年兴起的文学革命进一步将革命延伸到了中国的知识界。

正如我们刚才所提到的，这些文学革命家所面临的最大障碍是儒家正统学说。自从汉武帝在公元前 136 年宣布"独尊儒术"以来，儒家学说统治中国人的思想已经接近 2000 年的时间。平心而论，由孔子所创立的儒家学说瑕瑜互见。我们首先必须承认，儒家学说的主流并不是完全地墨守成规、一蹶不振。例如，在宋明思想家那里，儒学曾经出现了复兴。然而，在另一方面，我们也不得不承认，在自明朝以来的三、四百年中，大量封建落后的元素渗入到儒家学说中，使它污垢缠身，难以清除。与此同时，由于清代的正统派学者为了逃避政治迫害而躲入故纸堆作文本和文献研究，满族统治者及其党羽肆无忌惮地歪曲儒家学说为自己所用，从而使儒家学说变成奴役中国人的工具。作为这种蓄意歪曲的后果，孔子本人的形象变得顽固不化、令人讨厌，他的学说也变成了毒害中国人灵魂的专制主义思想。这就是儒家学说在中华民国早期所面临的处境。《新青年》的旗手们，满怀热忱地把反孔运动推向了高潮。因此，毫不奇怪，儒家学派的保守分子对他们充满了厌恶。

作为这群人的代表，陈独秀坚决反对"孔教"。他认为既然"孔教绝无宗教之实质与仪式"，那么它无法成为国教；而且，作为一种伦理思想体系，它的理念与现代生活、科学和共和体制格格不入。因此，陈独秀断言说，儒家学说应该像丢弃破旧的帽子那样予以丢弃。这些反孔的学者也将儒家教义指责为皇帝用来控制人的思想和限制人的自由的工具。同时，他们将传统文化中妇女的顺从全部归咎于孔子及其"吃人的礼教"，并且声称妇女的解放，应该以娜拉——易卜生《玩偶之家》中的女主角——为榜样，打破儒家正统学说的束缚。就这样，他们把中国社会中所有封建的、倒退的和腐败的东西都归咎于孔子，认为正是这些丑恶的东西阻止中国发展成为一个强大的现代化国家。他们大张旗鼓地声讨孔子，并且喊出了"打倒孔家店"的口号。

正如人们所预料的那样，这场由陈独秀所领导的反孔运动，得到了那个时代所有觉醒的年轻人的普遍支持，从而使风雨飘摇的孔教会遭受了沉重的打击。带着消沉和沮丧，他们开始放弃抵抗。事实上，他们面临的形势越来越恶劣。因为此时他们的政治后台袁世凯，在称帝失败后已经黯然离世；而他们的精神领袖康有为，在 1917 年试图协助清废帝溥仪复辟失败后，① 在全国人民的声讨声中已经归隐避世。随着孔教会的领袖因为政治阴谋的失败而身败名裂，整个儒家阵营也因此分崩离析，暗然不彰。

落日余晖

然而，儒家学说在接受最后的裁决之前，获得了一个短暂的缓冲期。虽然它遭到了对手的猛烈抨击，但由于它两千多年来一直牢牢地控制着中国人的生活，它的影响不可能在短短的几十年中被轻易地根除。不可否认，中国社会的形态已经开始蜕变，传统的家族制也在西方的冲击下趋于瓦解，从而大大地削弱了孔子伦理政治学说的社会基础。然而，这种翻天覆地的革新不可能在一代人那里完成，儒家学派的宝贵传统依然在沧桑变迁中延续了最后的半个世纪。

很多迹象表明，20 世纪上半叶的许多新运动仍然是受到了孔子的影响。其中最典型的是保存国粹运动，其目的在于抵抗新式知识分子将西方的思想和著作大规模地输入中国。为了抵消他们的影响，著名的国

① 拥护溥仪复辟的是声名狼藉的军阀张勋，他在 1917 年 7 月发动复辟。

学大师章太炎在大学中坚定不移地宣讲儒家学说。另外一群学者与他并肩作战，他们坚持认为，解决中国问题的灵丹妙药不应该是胡适等人鼓吹的全盘西化，而应该是恢复中国古代的优秀文化遗产。这些学者及其支持者的口号是——"中学为体，西学为用"。诚然，由于儒家思想长期以来一直是中国传统文化中的主流，中国文化也就意味着儒家文化。虽然进入现代社会后没有人会公开主张完全恢复孔子的权威，就像康有为和陈焕章所主张的那样，但仍然有很多的"中间派"接过古代学术的火炬，与儒家传统保持着精神上的亲近感，有意识或无意识地充当儒家学说的现代辩护士。

另外一种值得注意的趋势是，一些中国学者开始借鉴西方的学术研究方法来重估和重构新的儒家哲学。在这些学者之中，最突出的是梁漱溟。他仔细研究了东西方哲学及其文化的优缺点，决定站出来捍卫东方的智慧，其中既包括释迦牟尼的智慧，也包括孔子的智慧，以此来对抗西方的智慧。他相信儒家学说"从历史变迁来说，是不断地'更新和再更新'；从理性层面来说，是生存的普遍法则；从未来发展来说，凭借主动和被动这两种力量持续地相互作用，它将为处在现代世界中的中国提供一种最适合的哲学"。[1] 很明显，如果不考虑他的许多异议，梁漱溟在本质上是儒家的信徒。在他看来，中国的唯一出路仍然是儒家学派那一套东西。

另外一个杰出的学者冯友兰，他从深入研究中国哲学的源头入手，发展出一种新的哲学体系。他为现代中国的哲学发展做出了不可磨灭的贡献。尤其是他的《新理学》，分别讨论了形而上学、伦理学、历史和方法论这四个方面的问题。与此同时，冯友兰对中国哲学的历史也进行了系统的研究，他的相关著作在同类书中首屈一指。

---

① 麦克奈尔编：《中国》（MacNair, *China*），第 326 页。

从实际政治来说，儒家教义也同样发挥着重要的影响。甚至像孙中山这样的革命家，也在他的"三民主义"中融入了大量的儒家道德规范，以此来促进国人的道德复兴。① 这其实并不奇怪，因为如果完全抛弃孔子的教义，那么就等于放弃了中华民族的精神遗产，没有一个政治领导人会愿意这么做。孙中山有一个哲学观点叫"知难行易"，从中可以明显看出王阳明的影响。后来，随着国民党在 1927 年掌握国家政权，以戴季陶为代表的国民党理论家开始公开地赞扬孔子学说，他们宣称中华民族的复兴取决于传统文化和传统美德的复兴——当然，传统文化和传统美德向来与儒家文化融合在一起。同样地，蒋介石在 1934 年发动了新生活运动，其目的在于弘扬"礼义廉耻"这四种儒家的德行。他相信如果这些德行能够付诸实践，那么将有助于整个国家的自立自强。

几乎与此同时，国民党政府开始鼓励儒家经典的学习。在此之前，儒家经典已经被排除出学校的课程表。政府也开始为孔子恢复荣誉，将他称为中国历史上第一位也是最伟大的教师，并且将孔子的生日定为教师节。按照传统的说法，孔子的生日是农历 8 月 27 日，如今政府把阳历 8 月 27 日定为教师节。尽管在节日当天不再祭孔，但各种纪念活动经常举行。他的直系后裔——此时已经是他第 77 代嫡孙——再次在孔子的出生地曲阜受到政府的赐封。1935 年，政府派人对曲阜的孔庙进行了勘察，发现很多建于 1730 的建筑开始坍塌，于是决定拨款予以修缮。此时通货膨胀还没有爆发，修缮的费用大约在 150 万美元。要不是 1937 年爆发的中日战争中断了这项计划，否则雄伟壮丽的孔庙，以及所有的走廊、凉亭、碑林和门户都将焕然一新，从而使朝圣者强烈感受

---

① 孙中山在关于"民族主义"的第六次演讲中，坚持认为恢复中国古代的道德准则非常重要，他罗列的道德准则包括：忠，孝，仁爱，信义，和谐，以及和平。他进一步引用和讨论了《大学》中关于正心、诚意的相关内容。

到孔圣人在昔日的伟大。但事实是，孔学的复兴，无论是其人还是其学，最终被证明只是昙花一现——儒学的余晖将很快消失在西方山林的背后。①

无法预知的定论

对儒家教义的所有信奉者来说，一想到长期以来主宰着中国人思想的儒学将要失去它的权力和威望时，难免感到不安。尽管如上文所述进行了复兴儒学的尝试，但几乎可以肯定的是，儒家正统思想牢牢地控制中国人的精神生活的时代一去不返了。知识分子对孔子的顶礼膜拜已经终结，随之而逝的是孔子的权威和影响。在"打倒孔家店"的叫喊声中成长起来的年轻一代，已经不再像他们的前人那样怀着敬畏和崇敬的心态来看待孔子。这确实是划时代的变化：中国历史上最伟大的偶像人物，如今遭到了废黜，如果说还没有完全打倒的话！

也许读者会认为此时下结论还为时过早。例如，有人会说，历史经常重演，当前仅仅是儒学发展过程中的另一个沉寂期，就像当年的秦始皇时代那样。从当时的历史可以看到，就在秦始皇焚书坑儒的几十年之后，孔子就像浴火重生的凤凰那样，重新在中国历史舞台上绽放出光彩。聪明的读者也许会问，难道孔子在未来就不能重新成为知识王国中的无冕之王吗？

① 试图复兴儒学的最近一个例子是郑孝胥。作为日本控制下的傀儡政权——伪满洲国的国务总理，他试图在 20 世纪 40 年代复兴儒家教义。他是儒家阵营中的保守派，他所做的努力，就像康有为和陈焕章所做的那样，对儒学的发展来说是弊大于利。

然而，在我们看来，这种复兴已经不太可能发生了。因为时代已经变了，中国社会的基本结构也变了，尤其是作为儒家学说基础的家族制度也变了。而且，秦朝与汉朝以及后继的朝代之间的差距，远远小于清朝与现代中国之间的差距；前者之间的变迁，也远远不如清朝到现代中国那样全面而彻底。然而，最重要的是，中国人的心理发生了革命性的转变。虽然汉朝人为了反对秦朝的暴政而很乐意恢复孔子的礼仪与道德学说，但现代中国人刚刚从传统的束缚中解放出来，同时又受到西方自由思想的洗礼，再也不愿意恢复任何奴役人的正统学说，即使是较为开明的儒家教义。如今的中国已经不再闭关锁国、自给自足，而是大胆地着眼于未来世界。当然，以往的历史可以用来作研究、反省，甚至珍视，但不能作为未来发展的一贯准则。因此，儒家学说重新支配中国人的生活的机会微乎其微。

然而，我们该如何祛除强加在孔子身上的专制主义，使他恢复"望之俨然，即之也温"的周朝教师的本来面目呢？我们又该如何使他那些纯洁、智慧的言语避免受到后世的歪曲呢？此外，我们该如何保证儒家哲学的内在精神避免受到外来杂质的损害呢？

事实上，这些问题既重要又有趣。解决这些问题有助于发现历史的真相。首先，我们必须重申的是，孔子的"去神圣化"对各方面来说都是好事——无论是对中华民族还是对孔子本人。将那些虚假和肤浅的东西从他身上剥离，可以让我们看到一个更加真实的孔子。我们相信，孔子将以知识分子的形象巍然屹立于中国历史的舞台。其次，作为"去伪存真"的结果，孔子在他那个时代的成就可以得到更好地评估，他对后世的贡献也可以得到更恰如其分地评价。同时，孔子的学说也可以在这个过程中进行重新审查：好的就保留下来作为民族遗产的一部分，对现代社会没用的就予以摒弃。通过这种方式，许多强加给孔子的谎言和谬论也可以得到清理。最后，我们相信，一种新的中国哲学将被构建出

来，用来取代已经完成历史使命的儒家教义。当然，这种新的哲学体系首先必须吸收儒家以及其他哲学流派的精华。这种思想上的集大成，就像宋朝学者曾经试图做的那样，将有助于创造一种新的世界哲学。很多迹象表明，新的世界哲学正在形成之中。① 然而，所有这些想法都只不过是一厢情愿；现在预测孔子及其学说的最终命运还为时过早。

后世对儒学的定论我们无法预知。

————————

① 近年来，尝试这种哲学上的综合研究的重要著作有：1. 查尔斯·摩尔：《哲学——东方与西方》（Charles A. Moore (ED.), *Philosophy-East and West*, 1944）；2. 菲尔默·诺思罗普：《东方与西方的相遇》（Filmer S. C. Northrop, *The Meeting of East and West*, 1946）；3. 奥利弗·赖泽：《世界哲学：一个综合研究》（Oliver Reiser, *World Philosophy, a Search for Synthesis*, 1948）；4. 菲尔默·诺思罗普：《意识形态的差异与世界秩序：关于世界文化中哲学与科学的研究》（Filmer S. C. Northrop, *Ideological Differences and World Order, Studies in the Philosophy and Science of the World Cultures*, 1949）。

附录一　中国历史分期表

传说中的三皇

伏羲

神农

黄帝　　……　　　……　　　……　　　……公元前 2698—前 2599?

圣王

尧　　……　　　　……　　　……　　　……公元前 2357—前 2258?

舜　　……　　　　……　　　……　　　……公元前 2255—前 2208?

禹（夏朝的建立者）　　……　　　……　　　……公元前 2205—前 2198?

汤（商朝的建立者）　　……　　　……　　　……公元前 1765—前 1760?

文王（周朝的建立者）

武王（文王的儿子；周朝的建立者）……　　……公元前 1122—前 1116?

三代

夏　　……　　　　……　　　……　　　……公元前 2205—前 1766?

商（或殷）　　　　……　　　……　　　……公元前 1766—前 1122?

周（封建时代）　　……　　　……　　　……公元前 1122? —前 256

　　西周　　　　……　　　……　　　……公元前 1122? —前 771

　　东周

　　　　春秋　　……　　　……　　　……公元前 722—前 481

　　　　战国　　……　　　……　　　……公元前 403—前 221

帝国时期

秦　　……　　　　……　　　……　　　……公元前 221—前 207

汉	…	…	… 公元前 206—220
西汉	…	…	… 公元前 206-8
新（王莽）	…	…	…9-23
东汉	…	…	…25-220
三国	…	…	…221-264
晋	…	…	…265-316
南北朝	…	…	…317-588
隋	…	…	…589-618
唐	…	…	…618-907
五代	…	…	…907-960
宋	…	…	…960-1279
元（蒙古族）	…	…	…1280-1368
明	…	…	…1368-1644
清（满族）	…	…	…1644-1911
中华民国	…	…	…1912-

儒学简史

附录二　古典时代的中国哲学家

公元前	中国历史事件	儒家学者	道家学者	墨家和法家学者	希腊与罗马	印度
1400	商朝(殷)中期					《梨俱吠陀》(1400-1000)
1100-800	周朝1122-256 周文王 周武王 周公	《尚书》《诗经》和《易经》出现于这300年间				
800-700	722年,春秋时代开始					
700-500	536年,出现第一部成文法典	孔子(551-479)	老聃		毕达哥拉斯约(约530)	《奥义书》(约600年),释迦摩尼(563?-483?)
500-400	481年,春秋时代结束	曾参 子思	杨朱	墨子(479?-390?)	赫拉克利特(约500) 苏格拉底(约470-399) 柏拉图(427-347)	
400-300	403-221年,战国时代	孟子(370?-290?) 荀子(320?-235?)	庄子(369?-286?)	商鞅(死于338年)	亚里士多德(384-322) 伊壁鸠鲁(341-270)	
300-200	221-207年,秦朝			韩非(死于233年)		
200-公元元年	206-公元220年,汉朝。140-87年,汉武帝时期。编制国家图书书目。	董仲舒(179?-104?)。136年,独尊儒术。			西塞罗(106-43)	
公元元年-100		刘歆(死于23年);班固(32-92);王充(27-100?)			塞涅卡(死于65年)	

改编自休斯:《古典时代的中国哲学》(E. R. Hughes. *Chinese Philosophy in Classical times*)

参考文献

第一部分：英文著作

综合性中国哲学著作

BECK，ADAML. ，*The Story of Oriental Philosophy*，Philadelphia，1928.

CHAN WING-TSIT，*An Outline and a Bibliography of Chinese Philosophy*，Hanover，New Hampshire，1953.

CREEL，H. G. ，*Chinese Thought，from Confucius to Mao Tse-tung*，Chicago，1953.

FUNG YU-LAN，*A History of Chinese Philosophy*，trans. by Derk Bodde，2 vols. ，Princeton，N. J. ，1952，1953.

FUNG YU-LAN，*A Short History of Chinese Philosophy*，N. Y. ，1948.

FUNG YU-LAN，*The Spirit of Chinese Philosophy*，trans. by E. R. Hughes，London，1947.

GILES，HERBERT A. ，*Confucianism and its Rivals*，London，1915.

HUGHE8，E. R. ，*Chinese Philosophy in Classical Times*，London，1942.

LIANG GHI-CHAO，*History of Chinese Political Thought during the Early Tsin Period*，London，1930.

LIN YUTANG（Ed. ），*The Wisdom of China and India*，N. Y. ，1942.

LIN MOUSHENG，*Men and Ideas：An Informal History of Chinese Political Thought*，N. Y. ，1942.

MACNAIR，HARLEYF. （Ed. ），*China*，Berkeley，Calif. ，1946.

MCCLATCHIE，T. ，*Confucian Cosmology*，Shanghai，1874.

MOORE，CHARLES A. （Ed. ），*Philosophy-East and West*，Princeton，N. J. ，1944.

NORTHROP，FILMER S. C. ，*The Meeting of East and West，an Inquiey concerning World Undtrstanding*，N. Y. ，1946.

SOOTHILL，W. E. ，*Three Religions of China*，Oxford，1929.

SUZUKI，D. T. ，*A Brief History of Early Chinese Philosophy*，London，1914.

WALEY，ARTHUR，*Three Ways of Thought in Ancient China*，London，1939.

WANG GUNG-HSING，*The Chinese Mind*，N，Y. ，1946.

WEI，FRANCIS C. M. ，*The Spirit of Chinese Culture*，N. Y. ，1947.

ZEN,SOPHIA H. CHEN(Ed.) ,*Symposium on Chinese Culture*,Shanghai,1931.

第一章

CHEN HUAN-CHANG, *The Economic Principles of Confucius and his School* 2 vols. ,
N. Y. ,1911.

CHENG TIEN-HSI, *China Moulded by Confucius*,London,1946.

COLLIS,MAURICE, *The First Holy One*,N. Y. ,1948.

CREEL,H. G. ,*Confucius,the Man and the Myth*,N. Y. ,1949.

FABER,ERNEST,*A Systematic Digest of the Doctrine of Confucius*,trans. by P. G. von Mol-
lendorff,Shanghai, 1902? .

HSU,LEONARD SHIHLIEN,*The Political Philosophy of Confucianism*,London,1932.

KOEHN,ALFRED,*Confucius:His Life and Works*,Peking,1945.

KRAMERS,ROBERTPAUL(trl.) ,*K'ung Tzu Chia Yu,The School Sayings of Confucius*,
Leiden,1949.

LEGGE,JAMES(trl.) ,*The Chinese Classics*,5 vols. in 8,Hongkong,1862–79.

Vol. One:The'Prolegomena' ,*Confucian Analects,The Great Learning,The Doctrine of the
Mean.*

Vol. Two:*The Works of Mencius.*

Vol. Three:*The Shoo King;or,The Book of Historical Documents.*

Vol. Four:*The She King; or,The Book of Poetry.*

Vol. Five:*The Chun Tsew(Spring and Autumn Annals)* with *The Tso Chuen(Tso's Commen-
tary).*

LEGGE,JAMES(trl.) ,*The Sacred Books of China: The Texts of Confucianism (in The Sa-
cred Book of the East*,ed. by F. Max Muller) ,Oxford,1879–85.

Pt I:*The Shu King(The Book of History) ,The Religious Portions of the Shih King(The Book
of Poetry) ,The Hsiao King (The Book of Filial Piety).*

Pt II:*The Yi King(The Book of Changes).*

Pt III:*The Li Ki(The Record of Rites).*

SHRYOCK,JOHN K. ,*The Origin and Development of the State Cult of Confucius*,N. Y. , 1932.

STARR,FREDERICK,*Confucianism*,N. Y. ,1930.

WATTERS,T. ,*A Guide to the Tablets in a Temple of Confucius*,Shanghai,1879.

WILHELM,RICHARD,*Confucius and Confucianism*,trans. by George E. Danton and An-
nina P. Danton,N. Y. ,1931.

WU,JOHN C. II. ,'The Real Confucius' , *T'ien Hsia Monthly*, Shanghai, Vol. I,1935.

YETTS,W. PERCIVAL,*The Legend of Confucius*, London,1943.

第二章

CHEN, IVAN(trl.) , *The Book of Filial Duty*, London, 1908.

HUGHES, E. R. (trl.) , *The Great Learning and The Mean-in-Action*, London, 1942.

LIN YUTANG(trl.) , *The Wisdom of Confucius*, N. Y. , 1938.

LYALL, L. (trl.) , *The Sayings of Confucius*, London, 1909.

POUND, EZRA(trl.) , *Ta Hio*, *The Great Learning*, Seattle, 1928.

POUND, EZRA(trl.) , *Confucius*: *The Unwobbling Pivot and the Great Digest*, Norfolk, Conn. , 1947.

SOOTHILL, W. E. (trl.) , *The Analects of Confucius*, Taiyuan, China, 1910.

WALEY, ARTHUR(trl.) , *The Analects of Confucius*, N. Y. , 1939.

第三章

PORKE, ANTON(trl.) , *Yang Chu's Garden of Pleasure*, London, 1912.

FUNG YU-LAN(trl.) , Chuang Tzu: *A New Selected Translation with an Exposition of the Philosophy of Kuo Hsiang*, Shanghai, 1933.

GILES, HERBERT A. (trl.) , *Chuang Tzu*: *Mystic*, *Moralist*, *and Social Reformer*, London, 1889.

GILES, LIONF, L(trl.) , *Taoist Teachings from the Book of Lieh Tzu*, London, 1912.

HOLTH, SVERRE, *Micius*, *a Brief Outline of his Life and Ideas*, Shanghai, 1935.

HU SHIH, *The Development of the Logical Method in Ancient China*, Shanghai, 1922.

LIN YUTANG(trl.) , *The Wisdom of Laotse*, N. Y. , 1948.

MEI YI-PAO(trl.) , *The Ethical and Political Works of Motse*, London, 1929.

MEI YI-PAO, *Motse*, *the Neglected Rival of Confucius*, London, 1934.

SPALDING, K. J. , *Three Chinese Thinkers*, Nanking, 1947.

WALEY, ARTHUR(trl.) , *The Way and its Power*, London, 1934.

第四、五章

FABER, ERNEST, *The Mind of Mencius*, *or Political Economy Founded upon Moral Philosophy*, trans. by Arthur B. Hutchinson, Boston, 1882.

GILES, LIONEL(trl.) , *The Book of Mencius*(abridged) , London, 1942.

LEGGE, JAMES(trl.) , *The Life and Works of Mencius*(same as The *Chinese Classics*, vol. H) , Philadelphia, 1875.

LYALL, LEONARD A. (trl.) , *Mencius*, London, 1932.

RICHARDS, I. A. , *Mencius on the Mind*: *Experiments in Multiple Definition*, London, 1932.

儒学简史

第六章

CHENG, ANDREW CHIH-YI, *Hsuntzu's Theory of Human Nature and its Influence on Chinese Thought*, Peking, 1928.

DUBS, HOMER H., *Hsuntze, the Moulder of Ancient Confucianism*, London, 1927.

DUBS, HOMER H. (trl.), *The Works of Hsuntze*, London, 1928.

第七章

BODDE, DERK, *China's First Unifier: A Study of the Ch'in Dynasty as Seen in the Life of Li Ssu*, Leiden, 1938.

DUYVENDAK, J. J. L. (trl.), *The Book of Lord Shang, a Classic of the Chinese School of Law*, London, 1928.

LIAO, W. K. (trl.), *The Complete Works of Han Fei Tzu: A Classic of Chinese Legalism*, London, 1939.

T'AN PO-FU and WEN KUNG-WEN (trl.), *Economic Dialogues in Ancient China-Selections from the Kuan-tzu*, New Haven, 1954.

TOMKINSON, L., 'The Early Legalist School of Chinese Political Thought', *Open Court*, Chicago, Vol. xlv, 1931.

第八章

DUBS, HOMER H. (trl.), *The History of Former Han Dynasty*, by Pan Ku, 2 vols., London, 1944.

FORKE, ALFRED (trl.), *Lun Heng, Selected Essays of the Philosopher Wang Ch'ung*, 2 vols., Berlin, 1906-8; 1911.

HU SHIH, 'The Establishment of Confucianism as a State Religion during the Han Dynasty', *Journal of the North China Branch of the Royal Asiatic Society*, Shanghai, Vol. LX, 1929.

TJAN TJOE SOM (trl.), *Po Hu T'ung, the Comprehensive Discussions in the White Tiger Hall*, Leiden, 1949.

第九章

BLOFELD, JOHN (trl.), 'The Path to Sudden Attainment: A Treatise of the Ch'an School of Chinese Buddhism, by Hui Hai of the T'ang Dynasty'. An appendix to *Jewel in the Lotus; an Outline of Present-day Buddhism in China*, London, 1948.

DOUGLAS, SIR ROBERT K. , *Confucianism and Taoism*, London, 1879.

DUBS, HOMER H. , 'Han Yu and the Buddha's Relic: An Episode in Medieval Chinese Religion', *The Review of Religion*, 1946.

FLEMING, R. J. , *Buddhist China*, London, 1913.

MORGAN, EVAN(trl.), *Tao, the Great Luminant*, *Essays from Huai Nan Tzu*, London, 1935.

SUZUKI, D. T. , *Essays in Zen Buddhism* (Three Series), London, 1927, 1933, 1934.

WATTERS, T. , 'The Life and Works of Han Yu or Han Wen-kung', *Fournal of the North-China Branch of the Royal Asiatic Society*, New Series, Vol. VII, 1873.

第十章

BRUCE, J. PERCY, *Chu Hsi and his Masters*, London, 1923.

BRUCE, J. PERCY(trl.), *The Philosophy of Human Nature by Chu Hsi*, London, 1922.

HSU, P. C. , *Ethical Realism in Neo-Confucian Thought*, Peiping, 1933.

TS'AI YUN-CH'UN(trl.), *The Philosophy of Ch'eng I, a Selection of Texts from the 'Complete Works'*, N. Y. , 1950.

第十一章

CADY, LYMAN VAN LAW, *The Philosophy of Lu Hsiang-shan, a Neo-Confucian Monistic Idealist*, 2 vols. , N. Y. , 1939.

CADY, LYMAN VAN LAW, *Wang Yang-ming's 'Intuitive Knowledge'*, Peiping, 1936.

CHANG YU-CHUAN, *Wang Shou-jen as a Statesman* (reprinted from *The Review*, Vol. xxIII), Peking, 1940.

HENKE, FREDERICK G. , 'A Study in the Life and Philosophy of Wang Yang-ming'. *Fournal of the North-China Branch of the Royal Asiatic So-ciety*, Vol. XLIV, 1913.

HENKE, FREDERIGK G. (trl.), *The Philosophy of Wang Yang-ming*, London, 1916.

HUANG SIU-CHI, *Lu Hsiang-shan, a Twelfth Century Chinese Idealist Philosopher*, New Haven, Con. 1944.

第十二章

CHAN WING-TSIT, *Religious Trends in Modern China*, N, Y. , 1953.

DAI SHEN-YU, *Mao Tse-tung and Confucianism*, Ph. D. Dissertation, University of Pennsylvania(microfilm copies available at University Microfilms, Ann Arbor, Michigan).

FORSTER, LANCELOT, *The New Culture in China*, N. Y. , 1937.

HU SHIH, *The Chinese Renaissance*, Chicago, 1934.

HUMMEL, ARTHUR W. (trl.), *The Autobiography of a Chinese Historian*, *being a Preface to a Symposium of Ancient Chinese History*, Leiden, 1931.

JOHNSTON, REGINALD, *Confucianism and Modern China*, London, 1934.

KIANG WEN-HAN, *The Chinese Student Movement*, N. Y., 1948.

TSUCHIDA, KROSON, *Contemporary Thought of Japan and China*, London, 1927.

第二部分：中文著作

综合性中国哲学著作

CHIANG WEI-CH'IAO and YANG TA-YIN 蒋维乔 杨大应 *Chung-kuo che-hsueh shih kang-yao* 中国哲学史纲要 (An Outline History of Chinese Philosophy), 3 vols., Shanghai, 1935.

CHIN KUNG-LIANG 金公亮, *Chung-kuo che-hsueh shih* 中国哲学史 (A History of Chinese Philosophy), Chungking, 1940.

FUNG YU-LAN 冯友兰, *Chung-kuo che-hsueh shih* 中国哲学史 (A History of Chinese Philosophy), 2 vols., revised ed., Shanghai, 1947.

FUNG YU-LAN 冯友兰, *Chung-kuo che-hsueh hsiao shih* 中国哲学小史 (A Short History of Chinese Philosophy), Shanghai, 1934.

HOU WAI-LU 侯外庐, *Chung-Kuo ku-tai szu-hsiang hsueh-shou shih* 中固古代思想学说史 (A History of Ancient Chinese Thought and Learning), Chungking, 1944.

HU SHIH 胡适, *Chung-kuo che-hsueh shih ta-kang* 中国哲学史大纲 (An Outline of the History of Chinese Philosophy), 1st vol., revised ed., Shanghai, 1947.

TAKEUCHI YOSHIO 武内义雄, *Chung-kuo che-hsueh szu-hsiang shih* 中国哲学思想史 (A History of Chinese Philosophical Thought), trans. by Wang Fu-ch'uan 汪馥泉, Changsha, 1939.

CH'IEN MU 钱穆, *Hsien-Ch'in chu tzu hsi-men* 先秦诸子系年 (An Interlinking Chronology of the Ante-Ch'in Philosophers), Shanghai, 1935.

CHIN SHOU-SHEN 金受申, *Chi-hsia pai chih yen-chiu* 稷下派之研究 (A Study of the Chi-hsia School), Shanghai, 1930.

KAO WEI-CH'ANG 高维昌, *Chou-Ch'in chu tzu kai-lun* 周秦诸子概论 (A General Study of Chou ancl Ch'in Philosophers), Shanghai, 1930.

LO CHIN 罗焌, *Chu tzu hsueh-shu* 诸子学述 (Teachings of thePhilosophers), Shanghai, 1935.

TSUDA SOKIGHI 津田左右吉, *Fu Tao erh chia kuan-hsi* 儒道二家关系 (The Relations between Confucianism and Taoism), trans. by Li Ghi-huang 李继煌, Shanghai, 1926.

孔子及其追随者
孔子

CHIANG HENG-YUAN 江恒源, *k'ung-tzu* 孔子(Confucius), Shanghai, 1933.

Li TUNG-FANG 黎东方, *k'ung-tzu* 孔子(Confucius), Chung-King, 1944.

LIAO CHING-TSUN 廖竞存, *Ta tsai k'ung-tzu* 大哉孔子(Great is Confucius), Chung-king, 1941.

TI TZU-CH'I 狄子奇, *k'ung-tzu pien-nien* 孔子编年(A Chronology of Confucius's Life), Chekiang, 1887.

UNO TETSUTO 宇野哲人, *k'ung-tzu* 孔子(Confucius), trans. by Ch'en Pin-huo 陈彬龢, Shanghai, 1926.

孟子

LANG CH'ING-HSIAO 郎擎霄, *Meng-tzu hsueh-an* 孟子学案(Scholarly Records of Mencius), Shanghai, 1935.

LO KEN-TSE 罗根泽, *Meng-tzu p'ing-ch'uan* 孟子评传(A Critical Biography of Mencius), Shanghai, 1932.

TI TZU-CH'I 狄子奇, *Meng-tzu pien-nien* 孟子编年(A Chronology of Mencius' Life), Chekiang, 1887.

TS'UI TUNG-PI 崔东壁, *Meng-tzu shih-shih lu* 孟子事实录(An Account of the Facts of Mencius' Life), reprint, Peking, 1928.

荀子

LIU TZU-CHING 刘子静, *Hsun-tzu che-hsueh kang-yao* 荀子哲学纲要(An Outline of Hsun-tzu's Philosophy), Changsha, 1938.

YANG YUN-JU 杨筠如, *Hsun-tzu yen-chiu* 荀子研究(A Study of Hsun-tzu), Shanghai, 1931.

儒家的对手
老子

CHANG MO-SHENG 张默生, *Lao-tzu* 老子(Lao-tzu), Chungking, 1944.

CH'EN CHU 陈柱, *Lao-hsueh pa p'ien* 老学八篇(Eight Essays on Laoism), Shanghai, 1928.

SUN SZU-FANG 孙思昉, *Lao-tzu cheng-chih szu-hsiang kai-lun* 老子政治思想概论(A General Study of Lao-tzu's Political Thought), Shanghai, 1931.

WANG LI 王力, *Lao-tzu yen-chiu* 老子研究(A Study of Lao-tzu), Shanghai, 1928.

WEI YUAN 魏源, *Lao-tzu pen-i* 老子本义(The Original Doctrine of Lao-tzu), Shanghai，1934.

庄子

LANG CH'ING-HSIAO 郎擎霄，*Chuang-tzu hsueh-an* 庄子学案（Scholarly Records of Chuang-tzu），Shanghai，1934.

YEH KUO-CH'ING 叶国庆，*Chuang-tzu yen-chiu* 庄子研究（A Study of Chuang-tzu），Shanghai，1936.

墨子

CH'IEN MU 钱穆，*Mo-tzu* 墨子（Mo-tzu），Shanghai，1931.

LIANG CHI-CHAO 梁启超，*Mo-tzu hsueh-an* 墨子学案（Scholarly Records of Mo-tzu），Shanghai，1921.

SUN I-JANG 孙诒让，*Mo-tzu hsien-ku* 墨子间诂（Commentaries on Mo-tzu），reprint，Shanghai，1935.

杨朱

CH'EN T'ZU-SHENG 陈此生，*Yang Chu* 杨朱（Yang Chu），Shanghai，1928.

儒家思想
儒家经典

CH'IEN CHI-PO 钱基博，*Szu-shu chiai-t'i chi ch'i tu-fa* 四书解题及其读法（An Elucidation of the Problems in the *Four Books* and Suggestions for Studying Them），Shanghai，1934.

CH'IEN MU 钱穆，*Lun-yu yao-lueh* 论语要略（Summaries of the*Analects*），Shanghai，1934.

CHOU YU-TUNG 周予同，*Ch'un ching kai-lun* 群经概论（A General Study of the Classics），Shanghai，1933.

CHU HSI 朱熹，*Szu-shu chang-chu chi chu* 四书章句集注（Collected Notes on the *Four Books*），reprint，Shanghai，1935.

HONDO NARIYUKI 本田成之，*Ching-hsueh shih lun* 经学史论（An Historical Study of Classical Scholarship），Chiang Hsieh-an 江侠菴译，Shanghai，1934.

LIU PAO-NAN 刘宝楠，*Lun-yu cheng-i* 论语正义（An Orthodox Interpretation of the Analects），reprint，Shanghai，1934.

WEN YU-MING 温裕民，*Lun-yu yen-chiu* 论语研究（A Study of the *Analects*），Shanghai，1933.

汉代儒学

CHOU YU-TUNG 周予同，*Ching chin-ku-wen hsueh* 经今古文学（Ancient and Modern Script Classics），Shanghai，1934.

宋元儒学

CHIA FENG-CHEN 贾丰臻，*Sung-hsueh* 宋学（Sung Confucianism），Shanghai，1934.

CHIANG FAN 江藩, *Sung-hsueh yuan-yuan chi* 宋学渊源记(An Account of the Sources of Sung Confucianism) , reprint, Shanghai, 1935.

CHOU YU-TUNG 周予同, *Chu Hsi* 朱熹(Chu Hsi) , Shanghai, 1931.

HUANG LI-CHOU 黄梨洲, *Sung Yuan hsueh-an* 宋元学案(Scholarly Records of Sung-Yuan Confucianism) , selected and annotated by Miu T'ien-shou 缪天绶选注, Shanghai, 1933.

明清儒学

CHIA FENG-CHEN 贾丰臻, *Yang-ming hsueh* 阳明学(The Teachings of Yang-ming) , Shanghai, 1930.

CHIANG FAN 江藩, *Kuo-ch'ao Han-hsueh shih-ch'eng chi* 国朝汉学师承记(An Account of the Transmission of Han Contucianism in Our Own Dynasty) , annotated by Chou Yu-tung 周予同, Shanghai, 1934.

CH'IEN MU 钱穆, *Wang Shou-jen* 王守仁(Wang Shou-jen) , Shanghai, 1933.

HOU WAI-LU 侯外庐, *Chung-kuo chin-shih szu-hsiang hsueh-shou shih* 中国近世思想学说史(A History of Modern Chinese Thought and Learning) , 1st vol. , Chungking, 1944.

HUANG LI-CHOU 黄梨洲, *Ming-ju hsueh-an* 明儒学案(Scholarly Records of Ming Confucianists) , selected and annotated by Miu T'ien-shou 缪天绶选注, Shanghai, 1933.

LIANG CHI-CHAO 梁启超, *Ch'ing-tai hsueh-shu kai-lun* 清代学术概论(A General Study of Ch'ing Learning) , shanghai, 1921.

现代儒学

HATTORI UNOKICHI 服部宇之吉, *Fu-chiao yu hsien-tai szu-ch'ao* 儒教与现代思潮(Confucianism and Contemporary Thought) , trans. by Cheng Chih-ya 郑之雅译, Shanghai, 1934.

索　引

第一部分：专有名词

第二部分：书名